能量雕塑的天使

—— 在愛的路上手牽手

雪　飛　著

文　史　哲　詩　叢

文史哲出版社印行

國家圖書館出版品預行編目資料

能量雕塑的天使：在愛的路上手牽手 / 雪飛著, --初版 --臺北市：文史哲, 民 100.12
頁; 公分（文史哲詩叢；100）
ISBN 978-957-549-996-9（平裝）

851.486　　100025579

文史哲詩叢 100

能量雕塑的天使

— 在愛的路上手牽手

著者：雪飛
出版者：文史哲出版社
http:// www.lapen.com.tw
e-mail：lapen@ms74.hinet.net
登記證字號：行政院新聞局版臺業字五三三七號
發行人：彭正雄
發行所：文史哲出版社
印刷者：文史哲出版社
臺北市羅斯福路一段七十二巷四號
郵政劃撥帳號：一六一八〇一七五
電話886-2-23511028・傳真886-2-23965656

定價新臺幣三八〇元

中華民國一百年（2011）十二月初版
中華民國一百零一年（2012）八月初版三刷

ISBN 978-957-549-996-9　　08900

返老還童的藝術觀（代序）

——談詩人的大腦開發

根據許多醫師、科學家的研究實驗，現在已確知人之大腦的心智功能，是由上千億的神經細胞之樹狀突與軸突相互連接所成的網路而產生，且連接可視需要隨時改變。這新發現的「神經可塑性」（neuroplasticity），已推翻了舊說。

在人之大腦內有一記憶中心「海馬迴」（hippocampal convolution）裡，有許多神經幹細胞（nerve cell of stem）它們可以不斷分裂，製造另一個自己，沒有任何老化徵象，是大腦中「永遠年輕的嬰兒細胞」。這種「神經再生」（neurogenesis）——返老還童的歷程，可一直進行到人死爲止。而且更重要的，「海馬迴」是儲存經驗、潛意識、和靈感的寶庫。因此保護「海馬迴」的健康非常重要。

所以返老還童不是夢，是開發詩人大腦的必經之路。這本《能量雕塑的天使》詩集，

每首詩都是開發作者大腦所得。當然，開發尚未盡全功，還有長遠的路要走。

二〇一一年七月五日深夜兩點

能量雕塑的天使
——在愛的路上手牽手

目 次

11　朗誦圖片

紀念屈原 唱讀講傳 弘揚愛國精神詩歌朗誦，作者朗誦神采奕奕。

慶祝武昌起義建國百年朗誦詩，作者與楊全愉、吳麗珠、
馬曉竹、孔喬巧、朱曉莉諸位小姐一同朗誦。

寫真集

脫掉文化
讓真之裸體
橫躺在白色沙灘
那是一條魚

摘下墨鏡
以友善的眼神
脈脈地，看著地球
溫雅的月光

拿走雲山霧罩
袒露豐滿的雙峰

使遍地陽光都醉倒
健康的生命

丟棄綉花內褲
後面露出一條尾骨
臉上還面帶含羞
聖潔的天使

解放三角禁區
圖窮匕首見，誰來
支持荊柯
崇高的慾望

脫盡自己底年華
剩下最後一抹夕陽
魚，溫雅、健康、聖潔

思無邪，崇高

一九九九，六，一二

附記：藝術家認爲：人體之美有四，即溫雅美、健康美、聖潔美和崇高美。

困惑

你說我是
你心中的后，很美
但你的眼神
卻一直貪婪地
注視著我
頭上的后冠

你說你很喜歡
聽我自由的歌唱
但我歌唱時
你卻始終盯著
我手上

17 困惑

閃耀的鑽戒

你說愛我
是我有高貴的氣質
但你底雙手
卻緊抱我多脂的胴體
也許那正是
一種墮落的誘惑

雖然你不斷說
我的夢常在你心中
但為什麼
你只注意到后冠、鑽戒
和那秀色又多脂
而可餐的胴體？

一九九九、七、一二

心理重建（漫畫詩）

震災過後
留下崩塌的山
地表的裂傷
柔腸寸斷的道路
更有，一堆堆
房屋倒塌的廢墟
死者已過頭七
還有不少，被深埋於
如山的瓦礫堆

家破，人亡
幸存者流著眼淚

住宿露天
徬徨於擁擠的篷帳
那山崩的恐懼
地裂的惡夢
一直糾纏在心中
那悸動的心
已成驚弓之鳥
只要餘震輕擺柳腰
就臉色蒼白

於是災後
心理重建驅魔
便成了熱門
於是收驚要排隊
請特異功能摸摸頭
也要排長龍

尤其宗教法會，更吸引
成千上萬人
只是，在這股熱潮
唯獨那特設的
災後心理重建科
卻不見病人
只有枯坐的心理醫師
正在嘆氣：唉！

一九九九、一〇、四

附記：中國時報八十八年十月四日，《時論廣場》版，有一幅 CoCo 所繪：《九二一災後心理重建》漫畫，十分有趣，故特筆之於詩。

眞和美之虛擬

跨過二〇〇〇
第一道防線
我們進入虛擬的時空
是探險，突擊
還是去追尋？

那〇和一
所挑起之情慾大戰
首先爭奪視覺
真與假，對與錯
讓你自由判斷

那不安於靜的音符們
在空中任意飛舞
或濃妝艷抹，或淡掃蛾媚
搔首弄姿以挑逗聽覺
請你自由選擇

有玫瑰帶著一束芬芳
艷裝前來接待嗅覺
有白嫩而柔輭，之肌膚
讓觸覺盡情飽餐
只要你喜歡

或許你也可以
躺在瑪麗蓮夢露的身邊
看那江水滔滔往東流
聽她磁姓的嗓音

為你唱：大江東去

也許你還能實現
在那平沙雁落的塞外
與王昭君並馬前行
聽她親口唱一曲：陽關三疊
都只要你，按一下 Enter

什麼是真實？
什麼是美？
都是一堆發酵的數據
化身在你的感官
你的大腦

只要你喜歡
什麼都可選擇

尺寸大小，體香或花香
能算出數據，就能
替你量身打造……

二〇〇〇、二、二〇，夜

今年的天空

今年的天空
雖然流動著千禧之愉快
但卻只有龍飛
而無鳳舞

今年的天空
雖然聲音特別多
但卻都戴上不同面具
使人難辨音質

今年的天空
雖然花言巧語四處飛舞

但那閃躲的眼神
卻難隱其奸詐

今年的天空
蘊藏著幸與不幸的數據
正待你親自去選擇
去小心開發……

二〇〇〇（總統選舉年）二月二十二日

我們又回到原始

生命的列車
正通過，一條
原始的隧道
像條龍，脫離文明
穿過山腹，穿過
堅硬的岩層

突然，黑色襲來
把時間染成夜的寂寞
空間被壓縮
成一條窄小的長巷
氧，被手銬

二氧化碳的分子
完全解放

脫離了文明
我們又回到原始
生命完全
赤裸於黑暗
只有那隧道盡頭
還剩下
一粒光點

二〇〇〇年六月十日

星宿海禮讚

——古丁先生逝世二十周年

不是河伯
望洋驚嘆的北海
是每夜星星投宿的地方
集星光之美，於星宿的時空
化群星的夢
為一條，詩的黃河
乘「秋水時至」
以及，「百川灌河」的潮流
在創世紀的年代

浪漫的黃河

滿載著夢，流向北海
流出不同之旋律
奏出美好的生命樂章
那跳動的浪花，活潑的音符
沿著兩岸，一一喚醒了
玫瑰的微笑，荷花的曼舞
菊蘭與紅葉爭豔
寒梅搖落雪花倩影
譜出了一幅幅
藝術傑作……

詩的黃河在今天
依然唱著一首古老的歌
那是美，是永恆
是生命之無窮的意味
從獨唱到合唱

河伯與海神的合聲在天空飛舞
雖然，我們共有的海峽
浪濤洶湧，風雲變幻難測
但那兩岸的山
一座座似羅丹的「沈思者」
靜默一如海的深邃

二〇〇〇年十月二十四日

附註

註一：最早認爲「星宿海」是黃河的源頭。「秋水時至，百川灌河」，乃莊子《秋水》篇的起首句。「河伯」指黃河之河神。「海神」撲「北海若」，即北海之海神。「海峽」指台灣海峽。

註二：羅丹（Auguste Rodin, 1840-1917）爲法國雕刻大師，「沉思者」爲其名作。

註三：詩末「靜默一如海的深邃」，爲古丁先生《面天山》詩句。

化妝的夢

經過數千年囚禁
終於脫離佛洛伊德的黑牢
牽制枷鎖已一一摧毀
為何妳化妝依然
是為了陽光，還是
為了一場舞會？

在妳那面具背後
隱藏的究竟是什麼
是思想、感情
還是一種神秘的微笑
妳若隱若現的容顏

科學家認為那是妳的真
道德家認為那是妳的善
藝術家認為那是妳的美
而政客們，則認為……

妳帶來了春天
也帶來另一種虛偽
那已死的帝王之腦細胞
那人類獨裁劣根性
又因妳多彩的風姿而復活
他們正在導演
一場人民化妝舞會
那自私的佔有慾
偽裝成妳忠實的舞伴
正樓著妳的纖腰
享受妳的溫柔

我們都是人民
在人民化妝舞會裡
卻不是妳的舞伴
不見妳的真，妳的善
無法欣賞妳的美
我們必須透過
e世代的搜索兵
重新評估，自由選擇
這是一種貞操論
也是一種存在哲學
唉，民主！

二〇〇一年三月八日

附記：根據佛洛伊德學說，人類被壓抑的潛意識，往往在夢裡化妝出現。而民主的夢，在人類潛意識裡被壓抑了幾千年，現在被解放出來，卻是今天的模樣，有感。

讓我們來譜一首新的進行曲

把往事摺疊
放進離別的口袋
把苦難送走，跟焦慮說再見
為了明天
我們一起來高歌
讓歌聲燃燒成一片火海
索性手舞足蹈
讓瘋狂來釋放胸膛裡鬱積
歡送一個舊的世紀
如與老友惜別
煙火在高空搖著小手
乘著光的翅膀

妳帶著一疊新的希望飛來
在歡呼聲中降臨大地
朝陽為妳鋪上e世代的紅色地毯
妳超微雕塑的嬌小身材
光纖美化的曲線柳腰
散發出無窮魅力
那不可思議的密度
集所有智慧於妳小小的大腦
有無數星星
在妳大腦裡閃爍

拋下昨夜偽裝
露出妳今晨天真的微笑
須一道光的指令
清除黑暗，重建歷史燈塔
避免這世界再走向愚蠢
妳不斷調整ＩＣ底意識架構

37　讓我們來譜一首新的進行曲

展開智慧的翅膀飛翔
飛向萬里長空
飛向那星星的海洋

沿途採摘明亮的星
讓我們來譜一首新的進行曲
歷史的五線譜
從此將垃圾音符一一丟棄
永遠珍藏那優美而動人的歌聲
告別残冬奔向春天
解凍的旋律不再沉默
歌聲化著妳兩眼溫柔的春光
有超導的自由女神
高舉燃燒的火把

二〇〇一年一月一日腹稿
二〇〇一年十月一日定稿

招魂圖

太陽無聲
海無言
只有一聲聲
魂兮，歸來！
在赤崁港邊的天空
呼喚！
呼喚！

面對
無言的海洋
母親跪在岸邊
拿著心愛女兒的衣物

大聲呼喊著
愛女名字

面向
沉默的海空
妻子雙手
舞動著先生的衣物
在堤邊哭倒：
聽到我
在叫你嗎？

情郎
懷抱心愛的玉照
不斷流著淚
呼喚著
愛人的芳名
男孩

不信地高喊爸爸
回來啦！
你回來啦！
滿臉
熱淚……

太陽無聲
海無言
在海堤岸邊
跪著、站著、哀嚎著
雙手合十，祈禱：
魂兮，歸來！
魂兮，歸來！

二〇〇二年五月二十七日

附記：本年五月二十五日，華航客機在澎湖外海空難，造成兩百二十五人葬身海中，家屬前往海邊招魂有感。

歷史的腳步

揹著一袋歷史帳冊
走過春天裡原野
走過夏天的荷花池畔
走過秋天裡楓林
走過冬天白雪紛飛的高山
走過和平年代
走過饑荒的戰爭歲月
歷史的腳步
在這美麗島上，不斷
留下走過的足跡

在這美麗的島

椰樹高、波蘿甜、香蕉香
展現農村姑娘的美貌
歷史邁開腳步
赤足牽著她的小手
跟著那：誰先爬上誰先嘗的歌聲
一起去採檳榔
當那清風對面吹，夜一片寂寞
遠方傳來難忘的思想起
傳來自悲自嘆呆命人的傾訴
那彳亍於街頭的木屐
如指頭在鋼琴的鍵盤上彈奏
彈出一首首生命的樂章

歷史的腳步
輕鬆地走，走上阿里山
阿里山的姑娘

美如水呀
阿里山的少年壯如山
歷史的腳步
愉快地走，走在希望中
陶醉於台灣好
台灣真是復興島
歷史的腳步
走在群星頌的歌聲裡
我們有美麗幻想
為什麼不來齊歡唱
歷史的腳步
徘徊在緣島的夜
被寂寞圍繞
姑娘喲，你為什麼
還是默無語？

隨著那不同的歌聲
歷史腳步已留下不同足跡
有的是光榮的勳章
有的是屈辱記號
有的是快樂的音符
有的是苦難留影
有的使人眷念難忘
有的卻不堪回首
但在那歷史帳冊裡
它們都是一筆筆老帳
永遠無法更改
永遠無法隨意註銷

二〇〇二年七月二十八日

秋水時至

——紀念《秋水》三十週年

秋水時至
妳泛動唯美的眼波
隨著黃河流水
讓那藏在妳心中裡秘密
順流東行
揚棄河伯的自滿
揚棄已有的
萬分之一的美感經驗

妳來自秋
秋風秋雨已丟在腦後
一心順流東行

東方是太陽升起的地方
東方有北海
北海有瀟灑的
海神已正在等妳
等妳到達時
他將為妳舉辦
一場熱熱鬧鬧的
狂歡舞會
妳的夢
在無涯的大海
妳的夢
在陽光散步的天空
妳的夢已融入了
那夜空無數的星群
有美的語言
在妳耳邊傾訴
有美的音符在空氣裡

摟著O^{2}而輕歌漫舞
有無數美的圖畫
挑逗妳底眼波

穿過高山、峽谷
經過森林，經過平原
三十個春天、夏天
三十個秋天、冬天
妳搜集了多少沿途風霜
妳捕捉了多少
兩岸美的朵朵花影
妳的夢在東方
妳的夢在北海……

二〇〇三年十二月二十八日

附記：本題為莊子〈秋水經文〉第一句。河伯有代表河神意謂，曾自滿黃河之寬闊，後見北海而自愧不如。

散步

我散步在月台
不是魚在水中優游
歲月一直陪伴我
替我細數來回的腳步

這裡不是皇家的後花園
散步其中你可以欣賞
那花的芬芳正在編織玫瑰的夢
可聽到百鳥的聲音
將空氣裡氧分子化作了美的音符
正在為你演奏蓋希文的
藍色狂想曲

49 散步

這裡不是太平洋的海邊
在海邊散步的時候
有浪的語言告訴你海的心事
有滾滾的波濤向你歡呼
用它滿腔的熱情
向你高舉歡迎的雙手

這裡不是玉山的最高點
你散步其上可看見
腳下的群山正在向你朝拜
清晨可接受朝陽拋出的媚眼
夜裡有月光送給你靜靜的溫柔
你伸手就可摘下星星
來替自己製造一枚勳章

這裡是一個月台
人來人往，或坐或立
千姿百態都在
這臨時的舞台表演
大包小包各人都帶著自己的寶貝
有的想著家正在等他
有的東張西望正要去流浪
我散步在這月台
不是魚兒在水中優游
我和他們也一樣
都在等搭下一班自強號

二〇〇四年三月十八日有感於台中車站
二〇〇四年三月二十五日完稿於楊梅寓所

我們正在寫歷史

經過世紀的風暴
經過時代殘酷地考驗
我們依然存在
這美麗的島，並未沉入海底
島上群山相互依存
是我們屹立不倒的力量
雖然有時地牛翻身
將山與山的依存關係分裂
雖然颱風每年都帶領土石流
來將青山綠水一起摧毀
雖然有龍捲風來突襲
要把那四維八德留下的三合院

瞬間化為一片廢墟
但我們有求生的自信
島上的百花依然在自由開放
鳥語蟲鳴，龍吟虎嘯
風聲、雨聲，時代的潮聲
依然能各盡其聲
來創作一首聲聲相應的交響曲
因為我們永遠不會背叛自己
我們正在寫歷史

自從三〇年代
日落黃昏，太陽旗在這島上消失
我們就開始寫自己的歷史
用我們的大腦、我們的雙手
和健步如飛的兩腿
用我們的智慧、我們的筆

我們熟悉的語言符號
以及科學工具——電腦、照相機
因為我們的島似一艘航艦
已開始新時代的航程
我們在寫歷史，要寫出未來
寫出一個崇高的理想

我們用各種選票
用美麗島藍圖，一二三自由日
來寫民主奮鬥史
我們用中華文化復興節的源頭活水
用九年國教、大專聯考
李遠哲的諾貝爾名牌
來寫教育文化史
我們用紅葉少棒隊進軍世界
用楊傳廣的世運亞軍、紀政的銅牌

來寫體育發達史
我們用慈濟大愛的光芒
佛光山的暮鼓晨鐘
媽祖神轎的繞境、基督教的福音……
來寫信仰自由的宗教史
我們用三七五減租
用公地放領、耕者有其田
來提高農民收益
寫農業進步的成就史
我們用石門水庫、曾文水庫
用高速公路、快速鐵路
高樓大廈的都市叢林
來寫國家現代化的建設史
我們用核能發電、太空科技
用進步的煉鋼廠、造船廠
用加工區、科學園區、健保制度

來寫民生經濟的奇蹟史……

我們正在寫歷史
從每個角落、各人心底
從貧窮到富裕
不自由到自由、不民主到民主
從三〇、四〇年代
到二十一世紀的現在
不管時代的面具
是如何在快速變換
不管人類紛擾
是否越來越複雜
我們都將堅持，不背叛自己
決心在這島上寫歷史
繼續在陽明山
以都是主角的蠟像館

來寫出「民為邦本」的見證
若能進一步在高雄港邊
以風的姿態
來塑造一尊高聳入雲
最美的、和平的自由女神
讓她那柔和親切的目光
來安撫海峽洶湧不平的波濤
讓她那高舉的熱情火把
來為兩岸、為人類
指引一條光明的大道
那不僅是藝術傑作，也是
流芳百世的創舉

二〇〇四年七月二十六日夜

玫瑰與燭光

——敬悼南亞大海嘯罹難者

不分種族、國籍
不管是觀光客或島上居民
都人手一朵白色玫瑰
一枝發出生命之光的白色蠟燭
齊集在普吉島海邊，流著淚
一起來送別這滿身創傷的二〇〇四
來迎接一個面無笑容的新年
更以無比的沉痛
來為親人、朋友、所有受難者
虔誠地祈禱

本來是個愉快的假期
陽光已在海灘灑下金色的歡樂
父母帶著子女
情人挽著情人的手
正在欣賞海景聽海的歌
海鳥在空中盤旋
孩子們在淺水裡與波浪嬉戲
人與水、水與人
都一同陶醉在歡樂中
正當歡樂趕走痛苦
突然大海長嘯一聲將歡樂吞沒
城鎮、道路、花草、樹木
立刻化作廢墟
家毀人亡，轉眼成空
無數人的美夢瞬間幻滅
只留下一堆堆屍體

留下恐懼、悲哀
留下失去親人的哭聲……

人手一朵白色的玫瑰
一枝發出生命之光的白色蠟燭
大家都流著淚來祈禱
以玫瑰的純情
來送別舊的創傷的歲月
以蠟燭的生命之光
來迎接新年的新希望

二〇〇五年一月一日

金色的海

不是太平洋水面
鍍上一層金色的陽光
是黃色油菜花
鋪成一片金色的海

海中沒有魚蝦
沒有龍在海底深藏
只有花的芳香
在空中流浪

花海四周
有畫一般的群山

像美麗保姆
正在小心看守

雨後七彩的長虹
在天空搭起一座美的橋
似在為牛郎和織女
建築一條希望

不見漁人
在海上捕捉理想
只有無數蜜蜂
在海裡忙於收割

微風陣陣吹動
那海上金色波浪
似花樣年華

摟著所愛一起舞蹈
滿腹生命的哲理
正在海中沉睡
當它們從夢裡醒來
便是可口美味……

二〇〇五年三月二十一日深夜

附記：中視「世界非常奇妙」播出雲南省羅平，有一大片油菜花田如金色的海，已成國際觀光點有感。

清晨

清晨從夢裡醒來
陽光已在窗外等待
一天的生活
正要邁出第一步

我離開夢鄉
帶回一點夢裡留戀
在夢的抽象畫中
有我欣賞的線條、色彩
在那抽象的世界
線條和色彩可任意變化
高音與低音隨便演奏

就是一曲美的音樂
在那朦朧的夢裡
我有被解放的自由
可自由飛翔四處尋找
尋找妳消失的身影

清晨從夢裡醒來
陽光已在窗外等我
一天的生活
馬上就要邁開腳步

但我醒來發現
妳已不在我身邊
真不知如何，來踏出
這一天的第一步？

二〇〇五年九月二十五日

故居

已無生活來回走動
只有滿屋子書籍
還在書櫥裡、書架上、書桌上
靜靜地躺著、排列著
像是被遺忘的
一群老友

李白、杜甫、惠特曼
羅貫中、曹雪芹、托爾斯泰
孔子、老子、莊子
柏拉圖、亞里士多德、康德、沙特
牛頓、愛因斯坦

華陀、希波克拉提斯……
他們好像
都齊聚在我底故居

這幾年每次回來
總是來去匆匆
像久未與老友敘舊
今天又回到我的故居
打算不再匆匆離去
我要東翻翻、西看看像是與老友共處
心領神會他們的談笑風生
聽聽他們悅耳的聲音

二〇〇五年九月二十八日
返回鳳山市故居書屋有感

我要爲妳寫一首歌

妳離我而遠去
我要為妳寫一首歌
讓歌聲繚繞
時時陪伴妳身旁

妳離我而遠去
我要為妳寫一首歌
裁剪風的長髮為五線譜
摘下天上星星作音符
來譜出新的樂章

妳離我而遠去

我要為妳寫一首歌
用黃金的情感珍珠的聲音
來高歌妳最美的生命
留下一串美的回憶

留下一串美的回憶
用黃金的情感珍珠的聲音
來高歌妳最美的生命

二〇一〇年八月二十一日晨

陶醉的小鳥

小鳥的夢
隨著雪花在天空飛舞
小鳥的歌聲
點點滴滴
全灑在蒙古大草原

在這無邊的草原
大家都把小鳥釋放
讓它們各自去舒展自己底歌喉
歌聲隨地拋灑
夢在天空自由飛翔

那自由的夢
已帶來了甜美、暢快
你底小鳥
正陶醉於這難得的享受
啊，自由！自由！

二〇〇六年九月七日於外蒙古

豬的畫像

你雖是豬頭豬腦
在鏡子眼中
裡外都不是人
但你卻從不
利用化妝術來欺騙別人
因為你大腦裡
裝滿了
誠實的珍珠瑪瑙

你從來沒有工作過
除了生兒育女
就是用吃來增加自己體重

因為你有犧牲小我
來完成人類大我的精神
吃，不是為自己
當你被送上斷頭台時
就是成仁取義日

人類都說你笨，你醜
但卻把你列入
十二生肖的排行榜
來象徵你的身分
你真的很笨嗎？醜嗎？
愚蠢就是聰明
醜就是美
這是你祖宗傳下來的一貫哲學
你說奇怪不奇怪？

二〇〇七（豬）年一月二十二日

趕走寂寞的密碼

人之一生，難免
花前月下或烽火歲月
記憶裡總有些存檔
是珍藏的密碼

上次妳送我巧克力
今宵妳獻上一顆櫻桃
大腦裡細胞興奮
鮮紅的櫻桃更甜美

妳愛吹出悠揚的簫聲
我喜歡為妳斟滿玉液瓊漿

讓我們一起來欣賞品嚐
共度這春夜良宵

清晨醒來
相視一笑滿足在心頭
妳懂，我知
把密碼永遠珍藏

二〇〇七年五月二十一日

歷史留下的廣場

——記中正紀念堂前的不同場景

風雲變幻的歷史已回歸歷史
留下一片靜靜的廣場讓後人好來繼續歷史腳步
高高的紀念堂正睜大眼睛往下看
看我們這些後生小子是英才還是敗家子
清晨有人在廣場打太極拳
月下有對對情人手牽手情話綿綿
愛舞蹈的俊男美女在廣場一角練習
還有好學的朋友在蔭涼的樹下，研究思考

慈濟帶著一顆慈愛的心
蓋一片臨時小屋展示慈濟成果、慈濟各式愛的產品

既愛「國」又愛「台」，更愛「人類」
希望朵朵蓮花遍地開
一群敗家的小子高舉民主招牌又來詐騙
闖進廣場大呼口號聲言要找歷史算賬
穿著「國」的大禮服四處招搖
口中卻只喊愛「台」不提愛「國」的半個字
眼中只有利益一心都在為了自己

高高的紀念堂睜大眼睛往廣場裡看
看敗家的小子們有啥本事把歷史改
看所有活動在廣場的後生小子們
誰是有智慧的英才
誰是愚蠢如豬的敗家子

二〇〇七年五月二十五日晨

註：不久前慈濟公德會曾在廣場辦展覽。

寫生

不帶畫筆
不帶各色顏料
我睜大眼睛四處搜索
尋找寫生題材

那天空流浪的白雲
那隨風歌舞的湖邊垂柳
那喜上枝頭羞紅的朵朵桃花
全都已攝入我底鏡頭

妳來了，活潑地
微笑的眼波像湖水輕輕蕩漾

蕩開了我自動的快門
我要在記憶卡裡把妳珍藏

二〇〇七年五月二十九日

風言瘋語

無形，無體
只有意識到處遊蕩
我已跳出三界外
不在五行中
自由、瀟灑、浪漫……

高興痛快時
我在桃花林中輕歌
摟著妳楊柳的細腰漫舞
讓桃花的唇瓣
吐出醇人的芬芳

沉悶疲困時
我躲進一片森林
樹不動、花不開、鳥不語
已忘掉自己，因為
我又得了現代憂鬱症

不像話，不像話
大海猖狂，龍王爺亂搞
我憤怒了
憤怒翻動千尺浪、萬丈濤
我要把龍王爺拉出來
當眾，砍掉他腦袋

二〇〇七年七月一日

金色陽光
——聖雄甘地的真理之光

金色陽光
一掃滿天雲霧
蓮花的芬芳
淨化了純潔高雅的聖地
今日的獨立、自由、民主、和平
是你所創導的 Satyagraha
一次又一次
堅持光明無瑕的真理運動
把那英國殖民陰影
完全清除

仁愛的種子，早已在
非暴力的土中綻開出聖潔的蓮花
蓮花的芬芳在天空散播
勇敢地清除那摧殘真理的霸氣
每一次面對暴力無理囂張，你都能
堅守非暴力戰線直到勝利

在你 Satyagraha 的號召下
印度人民排成隊伍
勇敢地走向那鹽池鐵絲網
雖然有鐵釘的木棍正在伺候
一走近腦袋便遭猛擊
前一位痛苦呻吟地倒下了
後一位立刻跟上
他們默默昂首挺胸，勇往直前
沒有退卻、反抗、搏鬥

前一隊犧牲了，後一隊繼續不斷勇往
這動人的畫面震驚全球
更展現你非暴力對抗暴力的勇敢

你堅信在這世界上
每件事物都各含有其存在真理
若失去這真理即無存在
追求真理、堅持真理
都在非暴力之巧妙運用
更在Ahimsa的「仁愛」力量能發揮

人類生命若要有安全保障
必需在每個人的大腦裡都有愛
人類生活若要提高品質
就不能沒有美來美化生活
這愛與美的非暴力哲學

是人類邁向和平幸福的大道

二〇〇七年七月二日

附註：此詩英譯已編入印度編輯 M. S. Venkata Ramaias 所編之 Contemporay Poets（現代詩人集）中。

並蒂蓮的戀歌

牽手來自輪迴
我倆是天生一對戀人
不管因或果
本來就是同根

我們乃水中芙蓉
沼澤裡蘭花
神聖、純潔、高雅
出污泥，而不染
我們共同生活在
即使「藕斷」
「絲」還「連」的感情中

花，依然盛開

細長的葉柄
勇敢地站在水中
高擎著寬大的綠葉
像旗在迎風招展

花蕊雄的護著雌的
我們共同結子、照顧
花謝後高舉蓮蓬
端出粒粒珍珠

二〇〇七年七月二十七日

一套借來的西裝
——憶亡妻

超過五十年了
一張已經高齡的老照片
我們的結婚合照
你頭戴婚紗
身著白色漂亮禮服
我則穿了一套
臨時借來的西裝
合照時妳微笑像手捧的鮮花
我也高興得滿面春風

在人生的路上

我們一直牽手同行
不管是柏油大道
還是崎嶇的山間小路
妳常一人在家照顧四個孩子
我則隨軍帶著聽診器
南北東西
盡一份愛國心意
歲月就這樣
把我們的青春帶走

蒙主的召喚，現在
妳獨自返回天國已近三年
只有寂寞陪伴妳
妳是否也在思念我和孩子們？
今夜，我取出
當年的結婚合照

欣賞妳美麗的笑容
再看見我穿上
那套西裝的模樣
瀟灑、英俊
當時的情景又一一出現
多少往事
重現在我大腦

二〇〇七年八月十六日夜

附註：本次三月詩會題目為「一張相片」，我取出當年結婚照來看時，想到那些往事，感慨之餘而有此作。

妳累了嗎

在甘地所推行
非暴力和平運動的國度
妳目睹一場
暴力踐踏文明的鬧劇

經過一夜
難以入眠的折騰
今天一上飛機
妳就沉睡在自己的座位

關上心靈窗戶
任滿頭秀髮在額前呼喚

機上送來的餐點
亦不能喚醒妳的胃覺

我們雖坐在同一排
但各自東西
耳中又像聽到：在那遙遠的地方
有位好姑娘……

我一面享用機上餐點
一面酌飲紅酒、喝咖啡
不時要注意妳低垂於胸前的秀髮
是否已顯示頭過低傷及頸椎？

因為我不是妳鄰座
無法用自己肩膀來作妳的支架
只好待妳從夢中醒來

問妳頸子疼不疼？

二〇〇七年九月九日
在印度回程機上有感

惜別抒懷

——祝福 Miss Janet

妳大大的眼睛
流露出西湖美景的溫柔
纖纖的玉指，昨日
指甲化裝成紅色花瓣
今天換上綠的柳葉
多種美的手環與戒指
宣示妳是勇敢的唯美主義者
紅花、綠柳
隨著因緣演奏的琴聲
在湖邊妙舞
舞出妳心目中的各種美姿

妳的聲音更美
英語的腔調帶著愛的旋律
忙於接待各國語音
一一將它們不同的音符相互串連
像在創作一首
道地的西洋情歌
讓那些圍繞在妳身邊的
每隻心靈的耳機
都陶醉在妳磁性的歌聲裡
在妳那溫柔
如西湖美景的心底
有愛的光芒在向外放射
有美的音質
在釋放悅耳的音波

一個星期過去了
每隻耳機都珍藏有
妳愛與美的聲影
現在臨別依依
我也只能祝福妳別後平安
無法再有機會欣賞
妳那可愛的西湖美景
我只好獨自回到
柳宗元的《江雪》岸邊
去徘徊低吟：「孤舟簑笠翁，
獨釣寒江雪。」

二〇〇七年九月九日晨
於印度世界詩人大會後

美酒與情趣

我喜歡微醉
今夜喝一杯 Crown Royal 的美酒
讓我的思想解放
再呷一口妳送的 Black berry 濃茶
讓我的感情也像妳一樣
盪開鞦韆的翅膀飛上天空

微醉的思想
可把所有的枷鎖打開
自由高飛的感情
才能飛上最美的天空
今夜，在我微醉的眼裡

第一次看見
妳的秀髮在天空與鞦韆共舞
今夜，呷妳醒酒的濃茶
我才品嚐到情趣

一杯一杯美酒
一口一口情趣
醒來又醉了，醉了又醒來
是思想在牽著
妳情感的小手舞於天堂
還是情感的鑰匙，已打開了
妳思想的枷鎖？

一陣美酒與情趣
情趣與美酒，在天空
盪來盪去辯論後

我才發現：照片中的妳
靜坐在鞦韆板上
一動也不動似已領悟
盪鞦韆的浪漫哲學

二〇〇七年九月二十五日中秋夜

愛與美的天使
——二十一世紀的 Beatrice

今夜，我從夢中醒來
正在苦思人類最需要的愛與美
妳的倩影
又出現在我大腦的螢幕

那是在印度一個教堂的場景
妳正和信徒們跪在地上共同祈禱
還流著汗上樓去排隊
誠心要接受一次特別洗禮

現在這畫面突然提醒我

一位上帝派來的愛與美的天使
不是已來到人間嗎？
妳留給我的回憶已找到答案

今天人類歷史的進行曲
雖然已演奏到二十一世紀的科學文明
不過大多數的人依然沈淪於
但丁寫《神曲》時代的地獄與煉獄

在我們當前所生存的這個世界
看不見「真理」的陽光普照大地
聽不到「正義」的歌聲飛揚
人類必需的愛已質變、美已逐漸枯萎

若要愛不質變，美不凋謝
讓人類通過煉獄、步入伊甸園，能飛上天堂

唯有二十一世紀的 Beatrice
愛與美的天使來導遊

二〇〇七年十月四日深夜

附註：Beatrice 是但丁（Dante）《神曲》中的女主角，本名 Bice。據研究但丁寫「神曲」的原因，都認爲是他對早逝的 Bice 之懷念。

一粒輕塵一滴露

——讀莊雲惠小姐「美的迷思」

妳心靈綻開的詩句
每句都像一朵最美的玫瑰
讀妳的詩，我的感情
就像是在接受美的洗禮
因為妳是柏拉圖的美之多彩的翻譯者
所以有「美的迷思」

妳、我、和他
都是一粒粒輕塵、一滴露
勿論是飄遊於太虛
或停佇於深谷

或在荷葉上來回徘徊
都「是為了追尋美的真相」
不願離開夢的魅力
四處去流浪

每個人都有自己的心事密碼
每個人都有被壓抑的
佛洛伊德所說的「潛意識」
因此妳不願解答
也不願作任何承諾
在妳那「寂靜的心空」
朵朵流雲
已化作春雨紛飛
妳從沒忘記
那「鄉」之愛的懷抱

那「自然」的美之奧妙
所以妳始終自信：
「那曲折的歸鄉之路
未曾迷失方向」

二〇〇七年十月十四日晨

不修邊幅的花園

你的詩心
像一座不修邊幅的花園
有愛好自由的生命
有浪漫的氣質
已孕育出青春永駐的長春花
綻開出朵朵浪漫的詩句

你那心園裡長春花
更帶來滿園春色
有白的、桃紅的、紫紅的
有白花紅心、紅花紫心，更有紅花紅心
每天都有新的花苞綻放

新花、舊花，此開彼謝或彼開此謝
在你的園中
天天都是百花盛開的春天
日日春，成了花的雅號

日日春的花朵們
已綻開出多少青春浪漫的詩句
戀愛的、多情的、美的
即使「人面不知何處去」
只要有「桃花依舊笑春風」
那寂寞的「都城南莊」
就能青春永駐

在你不修邊幅的花園
只要出現白髮紅顏相對吟
也吟出一朵愛情長春花

立刻就有人出來為你戴帽子
其實那頂帽子
才真是自由浪漫的桂冠

二〇〇七年十月二十日晚

附註：「都城南莊」，即唐朝詩人崔護的詩：《題都城南莊》的題之所指。

最美的記憶

今夜
我一直在夢中徘徊
妳的倩影
又在我心湖的孤舟出現
這突然使我憶起往事
一段最美的記憶

那是我們初次交遊
分別時妳就伸出
妳那純潔而高貴的手
來牽著我的手
一步一步並肩走下

那條不短的坡道
妳這自然流露的熱情
不僅使人覺得溫馨
也在我心中
留下永難忘的最美記憶

妳所留給我的記憶
在我心中就像一株最美的玫瑰
我不僅要將它
種植在內心高貴的花盆
更要勤加維護、灌澆
讓它的微笑
在記憶裡永不凋謝

二〇〇七年十月二十三日

我的夢

夕陽西下
我的夢
還散步在花花世界
欣賞妳的美

黑夜來臨
我的夢，就要
安息在白色玫瑰天堂
請妳送給我
一朵紅色玫瑰

二〇〇七年十一月三日晚

報春花的鑰匙

天使來到人間
首先取出報春花的鑰匙
打開春的寶庫
讓花的精靈把美的寶物傳送

一位溫柔的少女
將這神奇的寶物獻給母親
久病的母親病容消失
蒼白面頰立刻轉為紅潤

少女也轉憂為喜
青春的喜悅綻開在她臉上

深紅、淺紅、桃色、紫色、白色……
從此戀歌不絕
揭開了美麗世界的序幕

二〇〇七年十一月二十日

註：少女和母親，相傳爲德國的故事。

生命的化身
——讀台客《與石有約》

為何與石有約？
因為它們都是生命的化身
龍與鳳
小青與白娘娘的石雕
睡美人、將軍岩
哈巴狗、鱷魚岩、神龜賞花……
這些都是
生命在地球上所創造的
愛的故事、美的雕塑

為何與石有約？

因為有石的知音
有愛石成癡的欣賞者
誰不想龍鳳呈祥？
誰不愛睡美人？
誰不撫摸哈巴狗？
誰不崇拜將軍的威風？

在茶壺山上
泡一壺清香的龍井
坐下來慢慢品嚐
在泰山頂上的仙人橋
觀「日出日落，月斜星移」
遙望隔海風雲變幻

為何與石有約？
因為台客是石的密友

二〇〇七年十一月二十四日晨

宇宙的歌聲

夜深人靜
愛恨還在惡夢裡糾纏
那藍色天空
隱約傳來星星月亮的合唱

歌聲悠雅、自然
像天使們展開翅膀在藍空飛翔
有愛的磁性、美的旋律
似在喚醒惡夢裡地球

啊！醒來吧，地球
拋棄恨的包袱，回到愛的磁場

在美麗的藍色天空
你才擁有展翅高飛的自由

二〇一〇年十二月十五日

輕舟已過萬重山

——悼念文曉村先生

你走了
乘著一葉小舟
似乎口中還在不停低吟：
「兩岸猿聲啼不住
輕舟已過萬重山」
因為，你對
海峽兩岸詩歌文化的交流
早用李白詩句
來作了「階段性的註腳」

這次，你真的走了

只給自己愛妻
留下最後一首感人的情詩
你在詩中說：
「請不要流淚
而為我祝福
因為我已經返老還童
回到母親的懷中」

在你生前
母親的影子一直在你心中
那是你人生的安全感
你自認這一生
「走過兩條道路
從河洛到台灣，極為曲折
從戰爭，苦難，到文學
備嘗艱辛」
其實在苦難年代成長的詩人

大家都有同感
現在你走了
留下《一盞小燈》
留下《第八根琴弦》
留下無數珍珠般的詩句
閃亮著智慧的光芒
更留下一條你首先開拓的
海峽兩岸
詩歌文化交流的大道
請你放心，今後
這條路一定不會寂寞
安息吧！在母親慈愛的懷中
在極樂世界裡

二〇〇八年一月八日晨
二〇〇八年二月十五日　《葡萄園》詩刊一七七期發表

來，先喝一杯葡萄美酒

來，先喝一杯葡萄美酒
慶祝我們清掃自由民主的政治垃圾
一揮動手握的「真理正義」噴槍
就創作出一首前奏的圓舞曲
那引起上吐下瀉又髒又毒的霍亂弧菌
終於再無機會繁殖了
我們是這個舞台的主人
每個人都是民主政治的清潔工
清掃政治垃圾
是我們不能推卸的責任

我們所定居的這個島

本來有自然的美，純樸的愛
阿里山、日月潭，波蘿甜、香蕉香
多情的寶島姑娘
在愛的情歌聲中舞蹈
不管是先來的
高山族、平埔族、閩南人、客家人
不管是後到的
漢族、滿族、蒙族、回族或藏族
不管是先帶來的
族譜、祖宗神位；忠孝節義的傳家珍寶
不管是後帶來的
民主自由憲法、黃金、珍珠、翡翠和瑪瑙
大家不分彼此，都曾無私的奉獻
早已在這個島上
融合成一個「新的大族群」
一個新的中華民族的「濃縮體」

更是一個不能分割的
「大家庭」

自從這個島
擺脫了日本殖民的枷鎖
我們首先就親手
來揭開「三七五」的均富序幕
接著「公地放領」、「耕者有其田」
完成了一場溫和的綠色革命
再加上七萬個地主變成公司的股東
再加上十大建設開發全島
使我們不僅走上現代、走上均富
更坐上了「亞洲四小龍」之首的寶座
雖然我們自由民主的理想
曾經過「二二八」不幸的陣痛
經過「美麗島事件」的手術助產

但邁向民有、民治、民享的大道從未停止
「均富」曾經為我們帶來驕傲
每個人臉上都露出微笑

同在一個大家庭裡
不應有大房、二房之分
只有「愛家」和「敗家」之別
當一群敗家子
把整個家都快敗光了
你還不出手搶救嗎？
不要忘了，我們每個人心中
都有一把「自己的尺」
不要輕信所謂的大人物們之謊言
不要被他們花言巧語玩弄
唯有把那些污染自由民主的
政治垃圾完全清除

才能重建二十一世的新寶島
才能把我們這個大家庭
改造成愛與美的人間天堂

站出來吧，朋友們！
我們手握的主人自主權
決不能輕言放棄！

二〇〇八年一月十二日夜靈感
二〇〇八年一月二十一日定稿

詩和月——一對戀人

詩，像顆美的明星
月，是詩的最佳舞伴
詩和月常相配
配成了一對天生的戀人
在夜半載歌載舞
舞出了自由的愛情觀
舞出了浪漫的花朵

大詩人酒仙李白
就常在自由的愛情觀中浪漫
因此當他「獨酌無相親」
就「舉杯邀明月」

因此他一想到自己的故鄉
就想到故鄉的月、故鄉的戀人
先「舉頭望明月」
然後就「低頭思故鄉」

詩和月——這對戀人
在詩壇已結緣數千年
詩，像顆美的明星
月，是詩的最佳舞伴
月光的溫柔、月光的純潔
月宮裡神話——嫦娥、白兔、桂樹
更增加了戀人的魅力
增加了詩和月相配的情趣

二〇〇八年一月二十一日晨

寂寞的太空船

發動智慧的引擎
我獨自駕駛一艘太空船
在無邊的星海航行
載著我的夢
載著滿船寂寞

向鄰居月宮裡嫦娥說再見
我的船駛出了
愛因斯坦「相對論」的港灣
它要去追求「絕對」
一座能放射愛與美的燈塔

駛過金星、水星
駛過火星、木星、土星和海王星……
經過大小星星的島嶼
我的船一直在海上航行
尋找我心中的海港

在寂寞的船上
我帶著一束紅色玫瑰
當妳的眼波為我放射出希望
我就立刻雙手
把我的花獻給妳

二〇〇八年二月二十四日

蝴蝶之夢舞曲

——觀賞大理市藝術劇場表演有感

滿天星星
在夜空不停地閃爍
似花朵睜開夢的美之眼睛
以金色的、銀色的秋波
來傳遞愛的信息

多彩的蝴蝶
滿天飛舞
像是在尋找自己的舞伴
它們迷戀於美魅力
已成愛的俘虜

妳是一朵多情的玫瑰
常在我夢裡綻開
我是一隻流浪的彩蝶
循著妳的秋波飛來，可否像李白
在月下與妳共飲？

來！來！來！
在這百花盛開的夢園
讓我們來共吟一首愛的抒情詩
牽手建造一個四季花香
宇宙中最美的夢境

靈感於二〇〇八年四月二日夜
定稿於二〇〇八年四月十日晨

捷運世紀狂想曲

二十一世紀
是個匆忙的捷運世紀
我們每天都搭乘
狂飆的捷運車
在快速的運輸系統來來往往
與時間拔河

車中滿載不同的乘客
有哲學家、科學家、藝術家
有詩人、舞女、政客
有年輕的小辣妹，風流的老頑童
滿滿一車都在追求快速

快速的節奏已譜出新的樂章
在這流行快速的新世紀
一切都講求快又要充滿狂熱
我們學習要快，工作要狂
官場中搶「位子」更要快中加快
唯有善用這輕快的節奏
才能譜出瘋狂的旋律
在這大跳 Disco 的年代
你不瘋，別人瘋
你不狂大家都在狂
來吧，朋友們！讓我們也來
載歌載舞，合唱一首
捷運世紀狂想曲

二〇〇八年四月二十五日

生與死的拔河

——記四川成都大地震

一聲驚天動地的巨響
牆倒屋塌，山河美貌毀容
人類文明的道路
一條條多被土石切斷
一棟棟遮風避雨的保護傘
瞬間變成一堆堆廢墟
近十萬人被活埋在瓦礫中
一場人類生與死的拔活
在災區殘酷地展開

這場生死的拔河

沒有公正的上帝來裁判
只有死神一步步威逼
被迫的參賽者
有母親腹中的胎兒
有剛出生的寶貝
有青壯的男女
有老弱的身心無力者
有各種不同的病患
有救災的團隊、軍人、警犬
大家都不放棄生的希望

這場殘酷的拔河
已創造了多少奇跡和動人故事
父親、母親、老師
為保護自己子女和學生
不惜放棄個人生命

女警用自己奶水
來為失去母親的嬰兒哺乳
為了生命繼續存活
勇敢的自己鋸掉一條腿
更有高齡老太太、老先生
雖被困在瓦礫堆中已超過百個小時
但仍堅強的活著被救出
人類的生命，並不
因老或病就屈服於死神威逼

經過這場生死的拔河
搶救，尋找幸存生命的信號
痛哭，呼喚自己親友
人性的光輝已充分發揮
雖然生、老、病、死
是每個人都無法逃避的四大關卡

但求「生」是人類共同希望
雖然這次數萬人已輸掉了自己生命
但存活下來的每個人
今後更應珍惜自己「生」的權利
繼續來為人類
共同的「希望」而奮鬥

二〇〇八年五月二十五日

人 生

第一聲
夜靜無聲
大地正陷入寂寞的氛圍
一個生命
突然傳來初試的啼聲
天空的星星
全都笑了
第二步
自從你來到人間
歲月就天天跟著你
它像是你親愛的秘書
無時無刻不在為你精算
精算的答案，現在

你真需要一枝枴杖了
第三段
老，不算是病
老不修就會加入病的隊伍了
老年失憶症、老年高血壓
都是因它們老不修找來的麻煩
腦細胞繼續死亡不修
心血管繼續硬化不修

第四關
不管你
走的是柏油大道
還是羊腸小徑
一走完，就得終結
在那最後一刻
你還能說些什麼？

二〇〇八年六月七日

珍珠項鍊

——珍珠灘的愛情故事

妳是來自天上的仙女
我是凡夫俗子
在這九寨溝的生命樂章裡
我們的眼神
首先譜出愛的前奏曲

妳打開聖潔的心扉
來接納我獻上的珍珠項鍊
在這人間翡翠的舞池
我們要揚棄古典的芭蕾
來舞出自由的現代舞

當我們剛邁開舞步
突然晴天霹靂
一隻天神的手從空中伸出來
拉斷了我為妳掛上的項鍊
將妳捕捉押返天庭

珍珠的項鍊被扯斷了
顆顆愛的珍珠散落整個舞池
就從那時起
珍珠化為淚珠不斷在灘頭呼喊
像是在抒發我對妳的相思

二〇〇八年六月十九日
觀電視介紹九寨溝景點

一幅荒謬的抽象畫

我們的國會
真像一幅抽象畫
芒謬的語言構成詭詐的畫面
是真情？還是假意？
糾纏的線條是在表現愛？
雜亂的彩色，是恨的發洩？
很難使人瞭解

在這幅畫中
真真假假，假假真真
那些線條和色彩
是粗？是細？

是美？還是醜？
是來自男人的畫筆？
還是女人的巧手？

我們真不相信
那些舉布條喊出的口號
是來自有風度的男士
那些潑婦罵街式的
又潑辣，又狠毒的聲音
是來自一位
美女的櫻桃小口

我們的國會
又像狂人的創作坊
每天都在創作荒謬的抽象畫
是在抒發真情

還是在玩弄騙人的假意
你欣賞之後
究竟有何心得？

二〇〇八年六月二十七日晨

一道和平的三角習題
——中國人的存在哲學

二次世界大戰結局後
歷史就給中國人出了一道
和平的三角習題
「不獨」、「不統」、「不武」三邊共識
構成現在這等邊三角形的圖象（如附圖一）
而我們的存在哲學
自從擺脫了專制枷鎖
就一直獨立於圖象的中心
以愛的陽光來普照大地

在這沒有偏差的定位

我們發揮「誠」的本能來調配「中」的聖水
以供生命存在的各種養分，這是
中國人的「存在哲學」
也是人類能將自己的「夢」
澆灌出真、善、美之花朵的高貴智慧
唯適中才能創造完美擁有未來
我們若要繼續存在
就不可隨便放棄
這最好的「價值觀」

任何一個國家的人民
還沒有愚蠢到不愛自己的國家
除了那些少數三流政客
一心一意想借「二奶」之名來各謀私利
我們唯有回歸真理
善用這適「中」的聖水來灌澆

使百花盛開帶來新的春天
人類三大共同的夢（如附圖二）
才能結出最甜美的果實

二〇〇八年七月十五日晨

附　記：本次「三月詩會」輪值詩人徐兄所出題目：不獨、不統、不武。這三者構成的問題，正如一道未解的三角習題，還待智者共同來演算，求出一個圓滿答案。

附圖一：以三「不」來回歸「中」的存在哲學。

附圖二：以「中」的存在哲學來實現全民共同的夢。

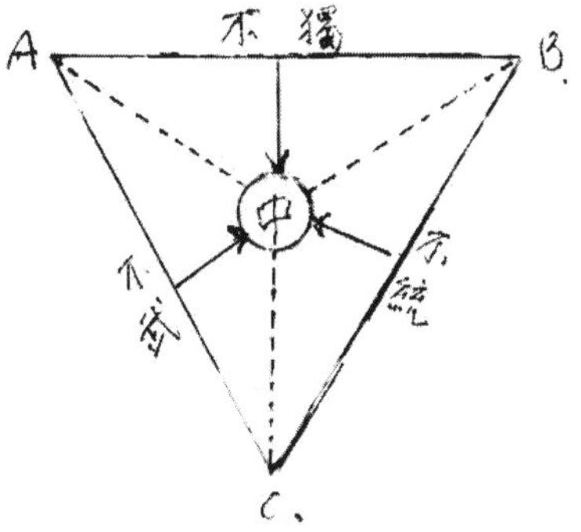

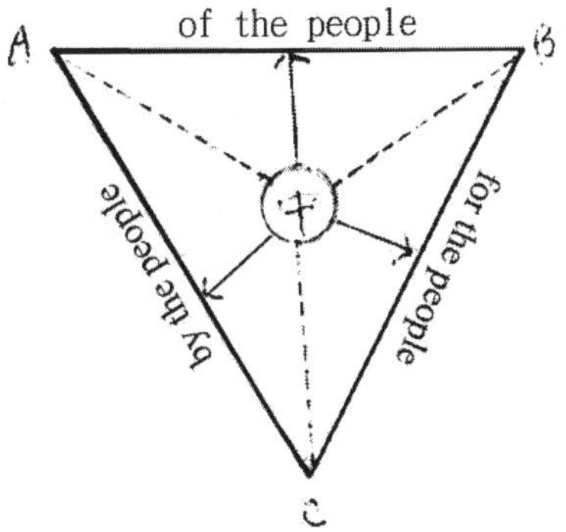

繁星盛開

滿天繁星盛開
像一盆美麗長壽花
有紅的、黃的
深紅的、橙紅的、乳白的
色彩鮮艷，歷久不凋謝
我今將它獻上
特為你祝福

你的性格
亦如那朵朵小花
耐寒，耐乾燥
白天不怕太陽的火把燃燒

夜晚樂於接受黑暗挑戰
你枝頭的花芽
不斷，不斷分化
一朵接一朵
開出可愛的笑容

今天，我把這
繁星盛開的
一盆 kalanchoe 來為你祝壽
祝福你像一簇
永不凋謝的花朵

二〇〇八年九月七日晚

妳最美的大腦花園

推翻舊的學說
妳高舉大腦自由的旗幟
喚醒了上千億
沉睡中的大腦神經元
妳不要小看自己
只要讓三百億的神經元伸出小手
就可帶來一千兆握手的友情
上千億的更不用說了
這座似比宇宙還偉大的
神經網路花園
已開出多彩多姿
像天上繁星一樣美的花朵

只要妳展開理想的翅膀
在這園中到處浪漫
不斷播放黎明的歌聲
那失明的朋友們
一張開自己的眼睛
就可看見這美的世界
那情深的啞女
也能合著妳的歌聲高唱情歌
那中風的老人
也能起床享受散步
向妳訴苦心中的委屈
還有那生來
就只有右邊大腦的米雪兒
不斷努力學習、奮鬥
終能使左腦功能在右腦一起發揮

除了視覺良好，有想像
有藝術能力，也有
很好口才，精通術學
對一切符號運用更非難事……

妳滿腦子都有愛的力量
可隨時將妳大腦裡網路調整
來適應這多變的世界
妳大腦裡幹細胞都有生殖能力
不斷分化生產年輕的小子
返老還童已不是夢
我們都露出會心的微笑

二〇〇八年九月十一日晚

附註：

註一：舊的學說即指「功能區域特定論」（localizationism）。認爲大腦有各種特定區域，各具不同特別功能。例如枕葉爲視覺中心，一旦損傷就無法復元，永遠成爲盲人。此說自十七世紀以來，就一直被公認無疑。但現在，由於醫學與科學進步，已發現了「神經可塑性」（neuroplasticity）。因爲大腦結構，基本上是由神經元的軸突與樹狀突相互連接成的神經網路，其連接隨著不同經驗常可改變，故大腦結構有可塑性。此說正好推翻了「功能區域特定論」。

註二：米雪兒的故事，是一個真實案例。她雖天生只有半個右大腦，但經過努力學習、奮鬥，終使左腦功能在右腦恢復，能過正常人生活。（以上註一、註二參考《改變是大腦的天性》（Norman Doidge 著・洪蘭譯）

春秋戀

春花多情的芬芳
常帶來青春年華的戀情
秋月明亮的溫柔
總有幾分難忘的相思

春和秋的夢
總在不同的季節唱著相同的歌
是春在戀愛秋夜月亮
還是秋在懷念春花的芬芳

春花，秋月
在夢裡究竟唱什麼相同的歌

是歡聚？離愁？還是
那常掛在嘴上的兩個字？

二〇〇八年九月三十日

Luna-da Party

——墨西哥之夜的海灘 Party

在月之女神
露娜溫柔的微笑中
在那照耀過無數
古今中外名勝的銀色月光下
今夜我們盡興的
自由舞蹈在這細沙的海灘
各跳各的舞步

你、我、他、或她
來自全球不同的經度和緯度
你講英語，她講西班牙語

我講道地的中國話
雖然語言不一定能溝通
但當眼神彼此接觸
Good morning 或 Good night
就從自己的口中溜出

我們大家都有
同樣的熱情，相同的夢
要用自己的舞步
配合音樂節奏
舞出自己身段的曲線美
舞出愛的世界
美的多彩多姿的樂園
展現愛與美的和平

今夜，在這

最美好的時光歡聚
我們一邊跳舞，一邊吃餐點
一邊說說、笑笑
我們正在共同
創作一首最美的詩篇

二〇〇八年十月二十六日晨

註：記本月十三日夜，在墨西哥 Emporio's Hotel beach shore 舉行的 Luna-da Party。Luna 爲羅馬神話中的月之女神。

宇宙在哭泣

憂鬱的天空
不見溫暖的太陽
夜來也沒有
愉快的星星和月亮在閃爍
只有那不停的
風聲和雨聲在哀號
像失去什麼

謊言偽裝成天使
到處騙吃、騙喝、騙色……
真理被矮化成小丑
寂寞的蹲在牆角

正義被一堆惡臭沖天的
垃圾語言埋葬

我們不能再忍受
良知己在每個人心中憤怒
站出來吧，朋友們！
我們都是被騙的受害者
金錢被騙了
寶貴的人生歲月浪費了
難道我們還要
繼續被騙下去嗎？

來吧，朋友們！
我們不能再猶豫了
大家必須共同
來將那些發臭的垃圾製造者

都一起清除
使他們從此完全消失

二〇〇八年十一月二十六日

一顆智慧的星

黎明前醒來
就聽到妳那智慧的聲音
從收音機裡飛出
像一隻唱著歌的雲雀
把愛的音符
一粒一粒餵進我的耳朵
讓我饑渴的大腦
享受一頓豐美的早餐

妳是一顆智慧的星
將星空愛的密碼，美的信號
一一為我解讀

同時也提醒世人
對那些魔鬼留下的一堆堆
仇恨與醜惡的垃圾
必須將它們完全清除

接下來妳播放了
牛郎和織女在七夕唱的那支歌
播完歌妳又告訴我
現在廣寒宮裡嫦娥已不寂寞
因為有阿姆斯壯
那些太空人常常拜訪
同時還有一顆金星
西洋認為是最美的維納斯女神
一直都在放電拋出秋波

現在，那上弦的月兒

又笑開愉快的櫻唇
加上雙眉下金星和木星
這兩隻可愛的眼睛
已展露出「雙星伴月」的笑臉
誰都希望扮演
那瀟灑幸福的月亮
啊！五星聯珠勢將出現
這是吉利預兆
天下太平已漸不遠了

二〇〇八年十二月四日晚

附註：

註一：金星，最亮的星。西方稱其爲維納斯，乃古羅馬神話中「愛與美」的女神。

註二：雙星伴月，報載已於本（二〇〇八）年十二月一日晚上出現，是喜事的象徵。

註三：五星聯珠，即五大行星（金、木、水、火、土）在天空同一區域，會聚成似一串珍珠，這表示吉利可帶來天下太平。

一張聖誕卡

——贈香港娟娟詩友

今年聖誕節
雖然十分寒冷
但卻未見雪花在天空飛舞
不過，有一張聖誕卡
載著珍貴的友誼
越過海峽飛來

當我將這張
立體式的聖誕卡拆開
就看見聖誕老公公
頭戴聖誕帽身著大紅冬裝

帶領七隻小鹿
打著傘，在美的雪景中
把福音傳來

你說：
一顆真摯的心
不因時間空間而改變
友誼就是一首
寫不完的詩
妳深深惦記著我

我們分別
雖已好幾年
但也同樣沒把妳忘記
現在我的書房
又增加了妳送來的珍貴福音

我更加珍惜
這個最美的冬天

二〇〇八年聖誕夜

後現代主義的歌聲

擺脫傳統壓抑的文明
走出威權陰影
在大眾化的後現代園地
打開 eros 的枷鎖
讓所有本能都開出美麗的花朵
一起來把生命光輝釋放

人一出生，上帝
就贈送了一串美的本能珍珠項鍊
由「自保」、「性愛」
「浪漫自由」多功能所串成
但因傳統的保守性，威權的獨裁性

常借口文明來不斷壓抑
使這串有生命之美的珍珠
一直不能放射光彩

後現代的「夢」
在顛覆傳統、破除威權
為想像提供自由馳騁的空間
把上帝贈送人類的項鍊
公開掛在胸前
讓西方重視的「性」和「搖滾」
東方孔子提出的「仁」之性愛密碼
都可在這本能盛開的百花園中
公開自由高歌，讓
羅曼蒂克的歌聲展翅高飛
與藍天白雲共舞
舞出宇宙生命的偉大

二〇〇九年二月九日上午定稿

附註：

註一：後現代主義的出現及理想（夢），主要在顛覆傳統、破除威權，以便人之本能可自由發揮。此說與《中庸》盡性論理想相同，可見中國早就有後現代主義了。

註二：從中國文字來看「仁」字係由二人構成，似在象徵「五倫」之愛。唯其中夫妻一倫之「性愛」，因文明壓抑關係，致成「仁」之含義中的重要密碼。

註三：本詩參考馬爾庫塞（Herbert Mavcuse 1895-1930）的《愛慾與文明》。弗洛伊德（Freud, Sigmand 1856-1939）精神分析理論。及《後現代西方社會學理論》（劉少杰著）。

浪漫的碧潭之旅

天空有
長長鋼索的吊橋
滿載著遊客搖搖晃晃
得意、逍遙
水邊有
軟綿綿的浮動橋
讓來往的腳步
體驗一下
不實的感受

在碧綠的水面
天鵝舟
像一群白色的天鵝

收起翅膀
只用雙腳槳划行
在潭中閒逛
鯨魚船
像無數鯨魚浮出水面
來回呼吸
新鮮的空氣，品嘗
自由滋味
我倆並肩摟著腰
依戀在白天鵝懷抱
最貼心的雅座
共同踏著浪漫的天鵝舞步
舞得碧波蕩漾
寫成了一首最美的詩
織出了我們深愛的
超越的意境

二〇〇九年二月二十二日遊碧潭

牽手夢

青年時
我常追求一個愛
那不是
天上明亮的星
而是妳心中
一絲初動的漣漪
隨著那漣漪之不停波動
我們共乘一葉小舟
手牽手，航向
明天……

中年時

我很喜歡一支歌
那不是
午夜醉人的歌聲
而是一曲
小城故事多
希望在那小城的街上
我們都面帶微笑
手牽手，慢慢
走過……

老年時
我更欣賞一句詩
那不是
枯藤、老樹、昏鴉
而是
小橋、流水、人家

每當夕陽西下
我們都披上晚霞
手牽手，共赴
星星的夜宴……
而今晨
我從夢中醒來
才發現：夢早碎了
妳已經
離開了我身邊
獨自前往

二〇〇九年二月二十四晨，定稿

畫中畫

——《與但丁討論神曲》的欣賞

這是一幅奇妙的巨畫
將古今中外一百位名人，甚至
複製羊、電視機與原子彈的
劃時代的發明也都一起彩繪在畫中
以中國的萬里長城
古埃及的金字塔為背景
三位畫家與但丁
則在這幅巨畫中的右上角
從長城向下
俯瞰所有畫中名人
是在審美，還是在評判？（註一）

為什麼這幅巨畫
要以「與但丁討論神曲」為題
是艾略特說：
《神曲》只有莎士比亞的
全部劇作堪與比擬
還是但丁展示了
人類感情的至高和至深？（註二）

提到《神曲》
首先就想到神曲中的女主角
但丁童年已開始深愛的
貝緹麗彩——一位
二十四歲就不幸早死的美女（註三）
但丁驚聞噩耗非常傷心
於是決定要借神力

展開愛的翅膀去追尋
通過九層地獄、七層煉獄
伊甸園、九重天
終於在玫瑰的天堂
見到了，自己
心愛的天使

在這幅巨畫裡
許多畫中畫特別有情趣
畫的中心一張大圓桌
有不同世紀的名人，以不同姿勢
一起圍坐在四周
另外還擺了多張小桌
都是不同的名人
並肩一起同坐
毛澤東與林肯都坐在大圓桌

老蔣和老鄧同坐一小桌
這兩幅畫中畫都有重新構圖的意味
布希用望遠鏡在搜索目標
賓拉登悄悄站在身後
中國飛人劉翔
比出「第一名」的手勢
三者在同一畫面
更構成了一幅很有情趣的畫中畫
二次大戰日本戰犯
東條英機以懺悔表情
跪倒在秦始皇面前
更是一幅很有教育意義的畫中傑作
而最奇特的
是我們的國父中山先生
不去和林肯同桌
卻獨自來在老蔣和老鄧身後

默默望著這兩位老先生
是否還有話要說？

在這幅巨畫裡
古今中外百位名人
有哲學家、科學家、藝術家
有宗教家、政治家、詩人……
他們的一言一行都充滿了智慧
更對人類歷史演變
各有其大小好壞不同的貢獻與影響
今天歷史已步入二十一世紀
科學空前發達
後現代的問題已隨新的時代來臨
我們應拋棄傳統的「保守性」
不要服從威權的「獨裁」
飛舞「自由高歌」的生命旗幟

徹底動員人性、物性的所有「本能」（註四）
來推動歷史的巨輪勇往直前
邁向光明遠大的未來
不過，現在已有新的警訊傳來
今天民生主義與資本主義的矛盾
正在不斷加大
兩者似乎已在走向
「同歸於盡」的大災難！
所以現代的各位名人
政治家、經濟家、科學家：
都有責任來糾正：
資本主義以賺錢為唯一目的的舊觀念
各國政府更應提出新的策略
來滿足後現代民生主義新的需求
如何來防止全世界的
經濟大崩潰！

二〇〇九年三月二十八日晨

附註：

註一：根據蘋果日報在國際版介紹《與但丁討論神曲》的巨畫，長六公尺，寬二・六公尺。是由中國遼寧省籍畫家戴都都、張安君、李鐵子三位先生，於二〇〇六年完成的巨作。

註二：參考大詩人兼評論家艾略特（T.S.Eliot）對但丁《神曲》的推崇。（神曲——但丁・阿利格耶里著・黃國彬譯註）。

註三：但丁（Dante Alighieri）未滿九歲時，與剛滿八歲的貝緹麗彩（Beatrice）第一次見面。九年後才第二次。雖然每次僅驚鴻一瞥，但丁卻對貝緹麗彩深愛不移。

註四：後現代主義者馬爾庫塞（Herbert Marcuse）認爲，人的「愛慾」（eros）——生命所有本能，一直受到文明的壓抑，故提出「愛慾解放論」，讓生命的本能可自由充分發揮。而此所謂「愛慾」與「本能」，其實就是《中庸》所指：「天命之謂性」的「性」，所以「中庸的至誠盡性說」與「愛慾解放論」，其目的都在讓生命的本能可自由高歌，充分發揮其能量。可見後現代主義的思想，中國早在兩千四百多年前，子思就已經提出了，而且內容更完整、深入。（參考拙作：中國人的存在哲學）。由此我又想到，若能將這中西的後現代思想融合爲一，建立一個「新後現代主義」，來解決新時代所面臨的問題，似乎有其必要。

我騎著生命的小白馬

我騎著一匹生命的小白馬
不停在時間的跑道上向前奔馳
經過百花盛開的青春季節
穿過烈日烘烤的「夏至」關卡
在秋夜的月光下
一面策馬前行，一面低吟：
「舉頭望明月，低頭思故鄉」
在冬天的雪地上
欣賞雪花在天空飛舞
將銀色的美景
一一攝入我的大腦

我騎著一匹生命的小白馬
在時間的跑道上奔馳
一年又一年，一個四季又一個四季
從二十世紀到二十一世紀
走過戰爭的歲月
享受過和平幸福的日子
多少老友已離開了這時間跑道
多少熟識的面孔不見了……

今天時間的跑道還未丟棄我
我的小白馬仍在向前奔馳
要奔向長永未來
去追求一個最美的夢

二〇〇九年四月二十五日

爲愛揚帆——敘事詩

——一首最動人的愛情詩

醫生的主要敵人
是侵犯人體之病魔
當肺癌很不客氣找上了自己愛妻
約翰雖已用最新化療、手術
都無法使愛妻——伊蓮
能脫離病魔手掌
最後他決心要為愛揚帆
開始愛情旅遊的偉大療程
為妻注射愛的魔力
來加強對肺癌的抗體

他駕著一艘
以愛犬 THUNDA 命名的八噸帆船
載著自己愛妻
從美國邁阿密出發
橫渡大西洋到西班牙亞
再經希臘、索馬利亞、葉門亞丁灣
到印度、泰國、新加坡
接下來是馬來西亞、菲律賓、日本石垣島
最後，到達台灣基隆
經過三年半的世界環遊
全程二・九萬浬

現在，愛妻所掉的頭髮
都完全長出，不再受病魔掌控
滿臉笑容，精神愉快
健康已如常人

他們夫妻手牽手
正在基隆四處觀光
這真是愛的魔力，所創作的
一首最動人的情詩

二〇〇九年五月二十五日晨
閱蘋果日報之爲愛揚帆有感

青春、美麗

尋尋，覓覓
我們找到了地球上最好的水
覓覓，尋尋
我們研究出那飽含
青春、美麗之養分的小麥草、苜蓿芽……
透過愛的關懷、美的構想
我們終於調配
釀出了一瓶一瓶
有愛有美的健康醋

你不是在追求
青春不老的美麗嗎？

你不是想返老還童像年青人有活力嗎？
現在已經發現了：只要你
每天不斷喝這最好的營養品
你的體質就可由酸性變成鹼性
常保青春美麗不是夢

二〇〇九年參觀醋王工廠有感

一份最珍貴的友情

——贈 Miss Yawen

今年詩人節
特別令我有美的回味
除了欣賞詩人們
各自不同情感之美的抒發
就是妳所帶來的
一份最珍貴的友情

當我正在翻閱
大會所發的朗誦詩集
妳像一位美麗天使
突然降臨，贈送我一包

台灣大禹嶺的茶中極品——高冷茶
這份最珍貴的友情
立刻使我嗅到了迷人的清香

我在詩歌朗誦節目中
朗誦我《後現代主義的歌聲》
希望人類本能盛開的花朵
都能自由高歌
「讓羅曼蒂克的歌聲展翅高飛
與藍天白雲共舞
舞出宇宙生命的偉大」
聽完這首詩的朗誦
妳又熱心提供了獨到的美意

現在，我每天晚上
都要泡一杯妳所送的——清香的高冷茶

一面品嘗這份友情，一面
檢閱我的人生哲學：愛與美
把世間愛的能量、美的夢
不斷定存
在我大腦裡智庫

二〇〇九年六月二日夜
發表於秋水同年七月版

一盞生命的燈

我們每個人
都擁有一盞生命的燈
如太陽之輻射
向外散發光與熱

我們大腦裡有靈光
更有助燃愛之氧的需要
我們胸中充滿了熱情
可高歌美的進行曲

來！來！來！朋友們
讓我們一起來

不斷提供愛的氧氣，使這盞
美的燈永不熄滅

二〇〇九年七月五日晨

少女的祈禱

夜深了
大地寂靜無聲
萬物同人類都已進入夢鄉
只有一輪明月
高掛天空，來欣賞
人間多彩的夢

一位少女
跪在櫻花樹旁
雙手合十
在月下虔誠祈禱
滿腦子的夢

一一上映在她大腦

她在祈求：
每天都能看到
父親愉快的笑臉
母親身心健康，有母愛
不斷來補充她營養

她在祈求：
兄弟姊妹全家人
都能親愛相處
時時有互動的笑聲

她在祈求：
心愛的人常牽著她的手
一同在公園散步

擁吻她，時時照顧她

她在祈求：
人類彼此相愛
社會和平，世界永遠
不會再發生戰事……

少女的祈禱，在求
美夢成真．美夢人人有
就各有不同答案了
你現在的美夢是什麼？
愛情、事業、財富……
除了每天要祈禱
還在你自己

二〇〇九年七月二十四日

龍的讚美

龍，中華民族的象徵
祖先創造的圖騰
雖然不是真正的動物
但它有蛇、鱷、牛、鯉魚
以及鷹、鹿、獅、蟲
八種動物的特徵

遠在六千年前炎黃時代
黃帝以德服眾
先統一了中原各部落
又打敗反對的蚩尤
以龍心大公無私的包容

以大智慧、大仁、大悲、大能、大勇
將各部落的動物圖騰
融合成一條：龍之形象
設計出這屬於各部落共奉的
偉大的新圖騰——巨龍

在炎黃時代
黃帝軒轅氏創造龍的圖騰
來團結所有加盟部落
開始發展龍的文化
教民養蠶織布，穿衣蔽體
令工匠造舟車以代步
領導倉頡造字，步上文明
炎帝神農氏
運用燧人氏點火術
教百姓點火、引火、使用火

親嚐百草照顧人民生命
建立農業基礎
開啟以農立國的中華文化

龍，已成了我們
高貴吉祥如意的圖騰
更有騰雲駕霧、興雲施雨
掌管雷電的神能
中華巨龍的金色之舞
是中華文明輝煌發達的象徵
中華「龍」（long）
非西方聖經「龍」（Dragon）可比
龍鳳呈祥，福壽綿延
是今天全人類共同的企盼

我們身為

炎黃子孫，龍的傳人
更應發揮這大公無私的龍之精神
來積極推動
這偉大而和諧發展的龍文化
以實現全人類、全世界
永久和平的美夢

二〇〇九年九月三日上午

附記：本詩參考陳長宏先生作：《根本破解龍之謎》。

可愛的古城——麗江

妳，不是一條河
是座古城，像一位鄉村溫柔的姑娘
妳有水鄉之容的美
也有山城之貌的文靜
妳那家家流水
戶戶垂楊的微笑使我陶醉
妳那小橋流水人家的快樂歌聲
更讓我留戀在妳懷裡

妳的舞伴來自黑龍潭的流水
以龍之各種美的舞姿
同妳一起載歌載舞帶來了歡樂

那終年陪伴妳的玉龍雪山
也展現出納西風情、東巴文化的熱情
更增加了妳力與美的誘惑

啊，麗江，可愛的古城！
願永遠躺在妳懷裡
欣賞妳的美，聽妳快樂的歌聲
想像妳那輕波蕩漾的舞步

二〇〇九年十月遊雲南麗江有感

嫦娥仙子的歌聲

在這秋高氣爽中秋夜
一輪最圓的明月高掛天空
那月裡嫦娥仙子
透過了「碧海青天夜夜心」的寂寞
已將烈日的紫外線過濾
把燃燒的陽光反射成溫柔的月光
像滿天溫柔的歌聲
散播人間供妳我欣賞

在這歌聲美化的銀色世界
有秋天的菊花、玫瑰花、番紅花……
各種好花遍地盛開

真是花好、月圓
一年難得的最佳時光

來，親愛的！
我們去採一束紅色玫瑰
奉獻給月裡嫦娥仙子
請她為我們見證：
我們已開始在建造愛的花園
走向美的世界。「但願
人長久，千里共嬋娟」……

二〇〇九年十月三日中秋節朗誦

附註：詩裡「碧海青天夜夜心」，爲李商隱「嫦娥」中的詩句。「但願人長久，千里共嬋娟」，乃蘇軾「水調歌頭」中的詞。

在風花雪月的夢裡

乘著一條金龍
聽導遊介紹大理美景
和白族的金花姑娘
不知不覺我就進入了夢鄉
在那風花雪月裡流浪

那下關的風
使空氣清鮮，一塵不染
那上關的花
歲歲月月盛開，四季飄香
那蒼山十九峰的雪
晶瑩奪目，倒影在洱海水中

構成了銀蒼玉洱美景
那風和夜靜洱海水中的月
與蒼山雪相映成趣
有如一幅美的太虛幻境

在這風花雪月的夢裡
我夢見：在一座六合同春的大院
有一位白族的金花公主
她頭載白族花冠
身著艷麗的白族服裝
雙手奉上三道茶
每道茶都在為我祝福：
祿鶴同春！
福壽雙全！

二〇〇九年十一月三日晚

附記：此詩乃靈感於二〇〇九年十月十日，在旅遊麗江、香格里拉途中打瞌睡。「金龍」乃「夏門金龍」遊覽車名。「六合同春」有「祿鶴同春」意味，乃導遊告之。「福壽雙全」為作者聯想。

別了，不要說再見

二〇〇九年
別了，不要說再見
我們不願再看到
你那張冷酷無情的臉
一直怒氣沖沖
眼神裡只有仇恨
心中毫無愛，動作更醜惡
不管我們接受不接受
硬把自己的歪理、邪說
來替我們製造了一個
沒有真理、善良、美麗的環境
使我們的良知常被折磨

為了個人自私的夢想
完全不考慮人民
一直都在追求愛與美的幸福生活
不惜要把人類推向
各種不同戰場的陷阱
二〇〇九年
你是個充滿戰爭的恐怖年
整年整月，你都在
假借一些不是理由的理由
來攻擊你所有不喜歡的對手
自己犯規了天大的罪惡
大貪、大搜刮財物，毫無悔意
還有臉不斷來製造口水
想把人類良知淹沒……

別了，二〇〇九年
不要說再見
希望此刻我們分別，今後
不再看到你醜惡的嘴臉
擺脫虛假不被操弄
讓我們自己走向有愛有美的
和平幸福的大道

二〇〇九年十二月三日

自然主義進行曲

唯一適合
人類與萬物生存的地球
已被人類自己
一直不斷在破壞
今天地球已面臨毀滅的命運
我不能不站出來
高舉這面自然主義大旗
以宏亮的歌聲
高歌這首自然主義進行曲
早在公元前
五百七十到兩百八十多年

中國就有老莊哲學指出
人與萬物皆來自
那能無中生有的「道」
「道」，無所不在
甚至「在屢蟻」、「在梯稗」……
這人與萬物的根源
有「璞」的本質，《璞》的真實
此「道」非人工製造
乃自化的「自然」
即使人道有別於物之道
但亦不能脫離人與自然的密切關係
其變化須「率性」以「盡性」
才能產生「德」的價值
故從中國戰國時代
就有子思及後來的孟子、董仲舒等
提出並強調「天人合一」的重要

所以自然的「自化」
或「天人合一」的「自然化」
就如在五線譜上
譜出這首自然主義進行曲

西方的自然主義
在一八一七年，黑格爾（Hegel, W.F.）
就出版了一本《自然哲學》
把自然界劃分為：
力學、物理學、有機學
他認為這三者
都來自隱藏其中的本質——理念
理念是物質與精神的根本
一八〇四年後
又有法國左拉（Emile Zola）
創始自然主義的藝術理論

他提出藝術的創作
應以自然科學的原理
來作藝術的結論
到了二十世紀三十年代
自然主義更在美國大為流行
有進化的、科學的、歷史的各種學說
這些自然主義的觀點
都一致認為：人與萬物
皆擁有自然的天性
人雖然有自覺的獨立意識
來主動運用自然以創造文化
但其成功與否
還在能不能與自然合作

人與自然的關係
是密不可分的

且在你、我，和他的軀體中
都有自然的天性
那是真的種子、善的基因、美的音符
唯有「率性」以「盡性」
才能裸現這真、善、美的高貴品質
今天我們已經面臨
地球即可能被毀滅的命運
中西各種學說都已承認
邁向「天人合一」的盡性之道
是唯一能挽救、阻止
那可能降臨的宇宙大災難

來，朋友們！
我們大家一起來
高舉自然主義的大旗，高歌
自然主義進行曲：

返璞歸真，自然無偽
天人合一，萬古常新！

二〇〇九年十二月十七日上午

附註：

註一：此詩參考中西有關學說而作。中國道家的「璞」，儒家的「誠」，都是「真」的象徵。而西洋科學也講求「真」，所以勿論中西哲學或科學，都在求「真」，以提升「德」的文化價值。

註二：美國自然主義三大代表的學說：《進化的自然主義》，由塞拉斯（**R.W. Sellars**）著。「科學自然主義」（結構自然主義），由拉格爾（**E. Nagel**）提出。「歷史的自然主義」或《自然歷史的經驗》，由蘭德非（**J. H. Ranclall**）提出、著作。

一首交流大合唱的歌

我們十人小組
手捧一本紫丁香的歌譜
走進歡迎我們的
西南、師範、重慶三所大學
共同譜出了一首三段
交流大合唱的歌

我們譜出的歌
有真的熱情、善的友誼、美的音符
在三個歡迎的校園
我們都一起來大合唱
讓這交流的歌聲

在重慶市那藍色的天空
與白雲擁舞
舞出愛，也舞出美

這首宏量的歌聲
將在海峽兩岸
永遠不斷唱出：我們
真的熱情、善的友誼、美的音符
讓中華文化的芬芳
永遠散佈在兩岸天空
在全世界
在所有華人的地方

二〇〇九年十二月二十一日晨

註：紫丁香爲《藝文論壇》新改之刊名。

來自妳心靈的歌聲
——讀金鈴子的《奢華傾城》

妳說：
「我就是我的外省」
把內省觀念
似已從大腦網路排除
但在妳的潛意識
仍然難忘兒時那塊小山坡
這來自可愛的記憶
必然是當妳外省時也經過內省評估
才在心靈保留此難忘美感

妳反抗過去對語言文字

加上無情的腳鐐手銬
使動詞、名詞、形容詞……
不能盡性高歌
妳反對舊的思維邏輯
主張將一切存在
都放進自己的美學
即使一隻小小的「鳴蟲」
也配方在金鈴子藥散中
那怕很苦、很寒
都是醫治心靈的良藥

突破舊的語言城堡
妳有後現代主義的膽量
堅守愛的基因
落實美的生活自由、爽快
一本《奢華傾城》

已發出妳心靈傾城之美的歌聲
妳這些美的歌聲
有來自妳外省的百花盛開
再加內省的自然、天真

二〇〇九年十二月二十四日

附記：近日突接未見過面的金鈴子小姐，自重慶市寄來《奢華傾城》詩集一本相贈。根據讀時心得特寫此詩，以抒己見並表感謝。

一束最美的玫瑰
——獻給亡妻自由女士

好久未帶鮮花
來看妳了，今天花店老板娘
特別為妳配了一束
二十朵花瓣最美的玫瑰
亦如往常
我將這束象徵妳的美
奉獻在妳塔前

亦如往常
我拿出隨身所抄
一首聖經詩：

耶和華是我的牧者
輕聲唸出來為妳禱告
希望妳真的聽到
能在耶和華的殿中安息

禱告完畢
我口唸阿門將玫瑰
留在花瓶裡，讓它陪伴妳
也祝福：妳平安
住在耶和華的殿中
直到永遠……

二〇〇九年十二月二十五日
妻逝世五週年於慈恩園所感

我還能說些什麼

——八八大災難有感

面對莫拉克小姐
那姑娘的壞脾氣大發雷霆
一腳就把高山踢垮了
十幾層的大樓被推倒在河邊
整個小林村不見了
多少房屋，都被
大雨沖洗、大水淹沒
五六百條生命
瞬間就從這個世界消失了
我還能說些什麼

這次狠心的莫拉克小姐
為什麼一氣就給人類如此大大教訓
是否因我們假文化建設之名
只圖個人私利
在山區濫墾濫發，一直貪得無厭
破壞了她的自然美
激怒了她用天崩地裂的手段
來向人類提出嚴重抗議？
這是天災？還是人禍？
我還能說些什麼

天與人，自然和文化
本來就有密不可分的關係
假若你不遵守
我們傳統「天人合一」的哲學
惹出了大亂子

我還能說些什麼

二〇〇九年十二月二十五日
定稿於台北市 MISDO 咖啡店

良知，站出來！

我們很驕傲
已走向
多元的民主時代
已舉辦過
多次民主選舉
已很有民主經驗了

我們是自由的
在這個國家
不管你是大學教授
還是一字不識的大老粗
只要你想到的

都可大聲講出來
你所討厭的
也可高聲痛罵

但，這就是
真的民主與自由嗎？
每次參加投票
所投出的神聖一票
完全只憑你和候選人
各式各樣好或壞的關係
而把自己獨立人格
能判斷是非的，良知放棄了
你的一票有價值嗎？
你自己的選擇有意義嗎？

醒來吧！朋友們

我不要再自我陶醉了
在這多元的民主時代
這能獨立自由選擇的新世紀
我們應該把握良知方向盤
否則就在替投機政客們
製造了一場：混水摸魚的機會
搞得天下大亂！

來，朋友們
讓我們一起來
高舉民主自由的大旗
高唱民主、自由；良知、良知
讓你人格獨立不可少的
良知，站出來！

二○一○年一月一日元旦上午

附註：此詩在「世界論壇報」之「世界詩壇」一七一期發表時，其標題爲「民主自由歌」。

送你一盆長春花
——一份後現代的老人哲學

青年時，我就
寫過一首《老人》的詩
那白髮蒼蒼的老人
深夜在橋上徘徊
尋找童年、少年、青年的美好回憶
也想尋找一個新的希望
但當時橋下的流水
卻使他失望了

今天，我已擁有
一枝老人的筆，我要

從另類意識
提供一份後現代的老人哲學
來送你一盆長春花
祝福你永不衰老而健康

長春花，不是
富貴的牡丹
它只是一盆平民化的草花
但它花期長，生性強健
耐旱、耐貧瘠……
每天都戴上「日日春」的桂冠
張開五瓣的香唇歡笑
來迎接你的欣賞
讓你活得更長久、愉快

長春花的生命

已展現出花朵鮮豔
有純白和由淡至濃的紅紫色美貌
更有紅瓣紫心、紅瓣白心、白瓣紅心
各種含蓄的內在美
尤其珍貴的，是那發自
雌蕊和雄蕊彼此溫柔的愛
結出了細長的愛之莢果
有愛、有美、這就是
長春花不老的哲學

人類的生命
亦如長春花不能缺少愛與美
愛在大腦裡，美在生活中
是人之一生都必需的生命營養
尤其到了老年
更需要愛與美的陪伴

這歸類後現代的——老人哲學
發於愛，成於美
是人類最高貴的品格
人人都可擁有
人人都有機會享受

二〇一〇年一月二十二日晚

一條嚮往巴蜀原鄉的鮭魚

——讀詩人陳福成大作有感

你的出生地
雖不在原鄉巴屬老家
但你一直嚮往
那條與出生地同樣可愛的
讓你能安心產卵的河
等到現在，終於有機會
游洄那條可使你安心產卵的河了
而且還有你所說的
我們九條「名貴魚種」陪伴

你說你一直都是「玩真的」

的確，這次從頭到尾
你都在寫筆記、做功課
照相、作詩……
將所見所聞一一搜錄
從論壇開幕
打開詩歌的「潘朵拉」
接著寫出「金刀峽傳奇」的詩
看熊貓，謁見樂山大佛
欣賞伏虎市、報國市的對聯
描寫峨眉山、老街、再加武侯祠
尤其對「屬風雅韻」中
川劇的變臉絕技
更有深入分析……
這次幸好，你真的玩出了
有圖、有文、有詩的不朽創作

否則像我這位隨便玩玩
一直不用功的學生
今後要重溫舊夢，又那裡
去找補習教材？

二〇一〇年一月二十七日晚

附註：鮭魚爲河豚別名，有洄游至出生地河流下游產卵本性。陳福成先生大作：《洄游的鮭魚》。

最美的文化習俗

沉悶的冬過去了
春帶著新的希望來臨
家家戶戶打掃
貼春聯、祭祖、放鞭炮
迎春接福

在春節的美好日子
除了拜年聲此起彼落
更有愛的熱情，美味的佳餚
互相輪流請喝「春酒」
再加上舞龍、舞獅來助興
這是中華文化特有習俗

喝「春酒」時
年老長輩滿臉笑容
年輕的姑娘
打扮得特別漂亮
猜拳、歌唱、自由自在
一年難得的享樂

春節過完了
元宵夜吃湯圓象徵圓滿
各地都有送別的煙火
煙火多彩多姿，在天空
不斷大喊：明年再見

二〇一〇年三月三日

附註：這首詩主要在介紹中華文化的習俗之美，故用敘事方式。

在愛的路上手牽手

愛，是一條
羅曼蒂克（romantic）的路
在這條美的路上
春天有百花爭寵、鬥豔
枝頭滿載歡笑
夏季有太陽縱情高歌
熱和力的歌聲豪壯
秋夜有明月清唱
讓大地能安睡在夜的懷抱
寒冬有雪花吟詩
以唯美的韻味，終於吟出了
一首銀色意境的傑作

我們都是生命的大贏家（註一）
生來就有「意識」（Consciousness）
和「潛意識」（Subconscious Mind）
來照料我們的生命
親愛的！只要妳牽著我的手
在愛的路上漫步向前走
採摘我倆意識的花朵
來加工成一盞愛的智慧燈
用我倆潛意識珍藏的審美觀
一同扭開燈的開關

高舉這盞智慧燈
用美的燈光來照明我們的路
我們就可一面漫步
一面欣賞蒙娜麗莎（Mona Lisa）的微笑

瑪麗蓮夢露（Marilyn Monroe）
那「大江東去」的磁性歌聲
也可邊走邊吟誦：
屈原的「眾人皆醉我獨醒」
李白的「舉杯邀明月，對影成三人」
秋瑾的「不惜千金買寶刀」
胡適的「情願相思苦」……

啊，親愛的！
在美的人生我們勿須來去匆匆
只要妳牽著我的手
在愛的路上，漫步向前走
愛與美就會微笑
生命的樂章，就可為我倆
來演奏一首浪漫交響曲

二〇一〇年三月十四日夜

附註：

註一：生命的「大贏家」一詞，見《潛意識的力量》序。約瑟夫・墨菲著。亞瑟・培爾序。朱侃如譯。

註二：這首詩來自一份「美的牽手情」，是唯美主義的構思。我們每個人，都可對自己的所愛輕聲說：親愛的！請你牽著我的手，在愛的路上漫步向前走。讓大家都能感受到：「愛的高雅溫馨美」，已經來到了人間。人間正需要，這種最珍貴的愛。

妳是一朵中國紫丁香
——賀「紫丁香詩刊」創刊

擺脫西洋的故事
在中華文化的園地成長
雖以「紫色」為芳名
但沒有 Lilac 或 lilas 的遺傳基因
妳出生在中國的
傳統世家「審美系」
是一朵唱著中國情歌成長的香花
最嬌美、甜蜜，又多情

今天，你帶著
中華文化的芳香

將妳嬌美、甜蜜、最多情的種子
來播種在這塊新的園地
我特別在此祝福
妳甜美的歌聲傳揚四海
多情的音符譜出百花盛開
也祝福妳的美永不凋謝
含笑的唇瓣常開

二〇一〇年三月十七日朗誦

附註：紫丁香英個人稱爲 Lilac，法國人稱爲 Lilas，均爲「紫色」之意。嬌美甜蜜多情沿自紫丁香的歌。

吟詩、喝酒、飲茶

——參加「多彩貴州」特展開幕有感

貴州群山，創作了
一首最美而動人的詩篇
以烏蒙、大婁、武陵、苗嶺和老王
五大山脈各有其美的意象
構成了「綠色喀斯特」的意境

貴州名酒——茅台
是以神奇智慧
來提煉高粱之精，取得小麥之魂
採集天地靈氣……
揉和、發酵、蒸餾

使其昇華而成了酒中珍品

名茶蘭馨雀舌
來自那一片綠色的湄潭茶海
是集天地之精華
有佛教淨土的蘭花香
飲後可潤澤心靈
使你身心舒暢

我們一面欣賞那
苗族、侗族、布依族的歌舞
一面吟誦山的抒情詩
玩味那「喀斯特」的情趣
喝一杯茅台香的智慧
再回頭與蘭馨雀舌約會
茶香情濃慢慢談

耳邊不斷傳來，那湄潭茶海
採茶姑娘的歌聲

二〇一〇年三月二十五日夜

百花迎春舞

親愛的春，現在
妳終於來了
記得去年「夏至」我們分別時
妳曾經說過：
今年會遵守約定
但是在今年「立春」時
你邁開舞步的訊息雖然傳來
而隨後跟來的
卻是地震、水災、風災
狂風沙加上冬的寒流糾纏
我們都擔心，今年是否
還有春到人間？

現在事實已經證明
所有災害都無法來阻擋妳
親愛的！妳贏了
真的如約來了
頭上戴著月桂皇冠
散發出光榮、勝利的金光
我們島上杜鵑花全開了，已為妳
在滿山遍野佈置了豔紅的舞場
當妳蒞臨舞場時
蘭花之后獻上一朵蝴蝶蘭
禮貌地別在妳的胸前
有百合花的長號
為妳吹奏純淨、神聖，優美的歡迎號
有鈴蘭的花朵
為妳搖出希望幸福的鈴聲
玫瑰、紫羅蘭、鬱金香……

都是妳的舞伴來隨風的音樂起舞
同妳一起舞出青春的浪漫

啊，親愛的！
這是特別歡迎妳的舞會
那紫丁香的歌聲
也將為妳留下
這青春難忘的記憶

二〇一〇年三月三十日夜

春到人間——後現代傳統詩

春到人間報佳音　大地醒來換新衣
桃花帶笑舞春風　杜鵑花開等情郎

附註：此詩在打破「舊」傳統詩的「平平仄仄平」等之刻板「填空」方式。目的在能順其自然，可朗朗上口即可。且其內容同樣有意象、意境，多少還有點情趣。

旅遊最美的回憶

——謝導遊 Lily 小姐

妳牽著我的手
我牽著妳的手
在康定情歌陪伴的路上
慢慢走，一面聽那
群山懷抱的中國情海
述說木格措的愛情故事
欣賞那杜鵑峽的
杜鵑花與微風情話綿綿
一面又觀賞那
遠遠的蓮花山銀光閃閃
如觀音菩薩座下的聖潔蓮台

蓮花一朵朵綻開微笑

來！親愛的
在這七色湖畔的芳草坪
我倆也來加入
那紅男綠女的舞群
一起來跳舞歌唱
歌出我們的愛
也舞出我們的情
不管是探戈，還是恰恰……

來！妳牽著我手
我牽著妳的手
只要我們能珍惜這
最美的片刻，盡情歌舞
就已經是豐收

可留下最美的回憶

二〇一〇年四月二十一日晚
於康定酒店

附註：爲了詩的意境完美，第二段純屬虛構。不過七色湖畔的芳草坪，確是個最美的舞場，不能在詩裡讓它空著。

一個浪漫的初夏

初夏來臨，春風
已收拾起她的長髮
離我們而遠去
時間不允許我倆
再來唱自己的青春曲
現在，唯有妳牽著我的手
在這初夏溫暖的路上
一面慢慢走，一面聽妳
為我唱浪漫的歌
寂寞才不會來跟著我
妳的歌聲，就像
我倆心電感應的輕波蕩漾

有初夏的情趣
更有初夏帶來的溫柔、體貼
使我一直陶醉
在這條可愛的路上
慢慢欣賞妳的美
品嘗妳浪漫之歌的韻味

一個浪漫的初夏
雖無春風的長髮在天堂伴舞
但有妳的歌聲牽著我的手
在這可愛的路上慢慢走
我就不再寂寞了

二〇一〇年四月二十三日

長生不老的——嬰花夢

高舉「愛」的旗幟
吟唱「美」的詩
三月詩會十八載的千秋大業
永遠散發出
詩人生命的光輝

在詩人的大腦裡
那從來都不會老化的
Neural stem Cells-如花的嬰兒細胞
一面吟詩高歌
一面不斷分裂，製造另一個自己
在這「神經再生」的歷程
嬰花一朵一朵盛開

不斷有新的花朵來吟詩歌唱
這偉大的「赤子心」
每位詩人都擁有
尤其三月詩會的朋友們
在大腦裡「海馬迴」
更是充滿了
這長生不老的活力
今天我們來吟唱
這首 Baby flower 的夢
更須繼續發揮藝術的魅力
來為「神經再生」歷程
換上最美的新裝，每位詩人
都可返老還童，哈哈哈！

二〇一〇年五月二十四日
爲三月詩會十八週年而作

附註：

註一：Neural stem cells 即「神經幹細胞」，科學家又稱其爲「嬰兒細胞」。係在一九九八年，才被加州有名的 La Jolla 實驗室發現：活人的「海馬迴」中，有這些重要的神經細胞。以藝術角度來看，此「嬰兒細胞」如花似玉，不僅有玉之珍貴，更有花之美，尤其有象徵長生不老的意味，故我以「嬰花」（Baby flower）夢命題。

註二：「海馬迴」（Hippoampal Convolution）在大腦顳葉中，爲「記憶中心」，故保護海馬迴對詩人非常重要！

註三：「神經再生」（neurogenesis），即指「返老還童」的歷程，爲增加詩的情趣，故以「哈哈大笑」來結尾。

我要爲你高歌
——獻給我的故鄉：重慶

重慶，霧中的
故鄉，朦朧美的山城
你親切的微笑使人永難忘懷
我要為你高歌
讚美你懷中三寶：
燦爛夜景、麻辣火鍋
身材高挑的美女

在長江與嘉陵江
匯流處的朝天門廣場
日夜都在熱鬧中

尤其晚上燈火通明
多少人都在那裡留戀、納涼
那兩江的夜遊船
創作一幅幅最美的夜景

啊！重慶
我可愛的故鄉
八年抗日侵略的決戰
是你擔負起陪都重責大任
指揮作戰，寫下了
無數可歌可泣的故事
創作了多少
慷慨赴義的詩篇
也留下不少防空洞
而今洞裡，住滿了當地居民
開茶館、旅社、博物館……

已構成了新的奇觀

啊！故鄉
可愛的山城
文化的、森林的、平安的重慶
健康的、最宜居住的重慶
我一直在為你高歌
今天回到你懷抱
我更要讓歌聲永遠、永遠
在天空為你自由飛翔

二〇一〇年五月二十六日

汨羅江的悲歌

——為紀念屈原而作

你是一位
最偉大的愛國詩人
楚國最勇敢的
三閭大夫
雖然因「舉世皆濁我獨清，
眾人皆醉我獨醒」
而被放逐！但也從未
動搖過你的愛國心

為了宣誓這偉大的抱負
你創作了《離騷》、《九歌》

《天問》、《九章》等
二十五篇巨著
你的哲學、政治思想
對祖國和人民深厚的感情
都熔鑄在
這些不朽的詩篇中

但很不幸
就在這五月的祭神日
楚國的郢都被秦軍攻破時
你立刻自投汨羅江
創作了一首汨羅江的悲歌
每年在這個不祥的節日
我們都要為你划龍舟，包粽子
也要掛蒲劍以驅邪
喝雄黃酒來加強免疫力……

二〇一一年六月六日端午節朗誦

蝴蝶夢

一朵心靈綻開的玫瑰
散發出妳生命之美的清香
那搖曳生姿的嫵媚
使多少愛美的蝴蝶心動

我雖不是莊子（附註）
但常作莊子的蝴蝶夢
每夜我都在夢中
像莊子四處「逍遙」
又像蝴蝶一直
陶醉在玫瑰身邊

只要妳那
玫瑰清香撲鼻而來
我就立刻陶醉了
我就立刻陶醉了

二〇一〇年六月六日

附註：莊子名周，中國哲學家。約生於公元前三六九年，卒於公元前二百八十六年左右。

詩人說夢

詩人，常常說夢話
因為他和她，不是書癡就是情癡
他們都有癡人的毛病

仰觀夜空裡月亮和滿天星星
他就夢見嫦娥飛往月宮
編了一個最美的神話故事

低頭看見滿地百花盛開
她就夢見自己的情人
牽著她的手在花海裡漫步

不過，高呼超後現代的口號
有些詩人所說的癡人夢
他不解密，我們就完全不懂了

二〇一〇年六月二十日夜

月下妳對我一笑

月下妳對我一笑
帶來甜蜜在我夢裡發酵
妳底微笑牽著我的手
在夢裡四處逍遙
尋找我倆共同的希望

月下妳對我一笑
妳底笑也是一首歌
請妳用悅耳的歌聲來演唱
讓妳多情的聲音在我們夢裡飛翔
飛進我寂寞的心房

妳對我的笑
也使我在夢裡反覆推敲
妳是笑我情癡？
還是陶醉在我百花盛開的夢園
愛上了我園中的鳥語花香？

妳是在笑我情癡？
還是陶醉在我百花盛開的夢園
愛上了我園中的鳥語花香？
愛上了我園中的鳥語花香？……

二〇一〇年七月五日晚

在夢裡 Dialogue
——讀夢竹提到 dialogue 的來信有感

談到 dialogue
就使我想到 Plato 的對話錄
他是真善美的熱愛者
也是邪說的剋星，人類的彗星（附註）
用對話編織了一個
最美的「理想國」的夢……

依此，理智與情感
自然也可透過「美」的生活對話
來創作一幅居有竹的畫
那竹影和竹葉已在詩中融合

更可使詩人感情昇華
增添詩的浪漫色彩

這夢裡全是常綠的竹
竹有虛心堅貞的高風亮節
想必妳在夢裡竹林居
常用聯想的 dialogue
早編成了自己常綠的夢

二〇一〇年七月九日定稿

附註：《柏拉圖的哲學》，曾仰如著。

五星級的幸福滋味

什麼樣的幸福
才能登上五星級的寶座
只要妳用巧手
照85度C的哲學來調理、烘焙
使咖啡、蛋糕皆成美味
再融入妳甜甜蜜蜜的「愛」
讓我們在美味中
又可享受甜蜜的樂趣
這甜蜜的滋味
就是五星級的幸福滋味

85度C，不是

專指〇到一〇〇的溫度
它是追求幸福的哲學
也是一首愛與美的進行曲
要如何才算幸福
那就是一生擁有「愛的甜蜜生活」
人生除了追求味覺的滿足
最不能缺少的，就是「愛」與「美」
唯愛可帶來「甜蜜」
唯美可昇華感情，享受人生
我們的愛需要一起來烘焙
我們的美需要共同來調理

現在我們就來演奏
這首「愛與美」的進行曲
妳彈鋼琴，我拉小提琴
讓我們來共享五星級的甜蜜

再喝一杯幸福的滋味
讓我們倆都陶醉在
85度C的美夢中……

二〇一〇年七月十五日
靈感於85度C的咖啡店

宇宙的歌聲

夜深人靜
愛恨還在噩夢裡糾纏
那藍色天空
隱約傳來星星月亮的合唱

歌聲優雅、自然
像天使們展開翅膀在藍空飛翔
有愛的磁性、美的旋律
似在喚醒噩夢裡地球

啊！醒來吧，地球
拋棄恨的包袱，回到愛的磁場

在美麗的藍色天空
妳才擁有展翅高飛的自由

二〇一〇年七月二十五日作
十二月十一日秋水詩屋吟誦

愛的四部曲
——真、假、虛、實

送妳一條
「愛心」的項鍊
那是「真金」
經過我熱情的火煉
特別為妳打造
現在我就，親手
將它掛在妳的胸前

我有一個慎重的
假設聯想主義的信念
雖然「假」，不是「真」

但假設我伸出「真情」的手
來同妳手牽手
我們就可自然地
一起走向幸福的天堂

不過，我還是個
虛無主義者
有俄國式的革命思想
極端懷疑現有的一切存在……
權力、地位、價值……
都是虛無而被否定的
虛無主義的構想
就是個人有「絕對自由」
妳要是同意這個信念
我們就可手牽手
一起走向那愛的夢園

美的意境

同時，我也主張「實用」
是位實用主義者
凡所有的日常事務
都應憑經驗、知識來解決
憑知識去追求真理
憑經驗來建立
最有價值的人生

只要妳同意
我們就可經由
這真、假、虛、實愛的四部曲
手牽手走向幸福
走向人生的光明大道……

二〇一〇年七月二十七日

能量雕塑的天使

妳是能量雕塑的天使
面帶微笑與歡樂的熱情來到人間
要以智慧的微細能量
來替這多災多難的人間
換上平安的微笑與歡樂的新裝
妳全身細胞的原生質
都是智慧的化身
妳一顰一笑，一舉一動
都展現出妳
微細能量的智慧風采

妳的靈魂，是妳

體質中最微細的能量泉源
妳的靈性
已展現出妳智慧能量的萬種風情
那靈魂與靈性
雖是無法測度的
生生不息的神秘現象
但可透過「愛」的能量
來體驗出
那不是一種幻覺

妳的歌聲
閃動著妳能量溫柔的翅膀
在天空自由飛翔
那是一粒粒智慧的音符
在自然中譜出的
優美的水的韻律，健康的歌

把每粒愛的種子
遍灑在綠色的大地

妳的舞影
充滿了妳生命的活力
展現出妳智慧能量的各種舞姿
當那明月高掛天空
妳就舞出嫦娥奔月的美姿
隨著那慶典的
「歡樂人生圓舞曲」之演奏（註）
妳與舞伴們舞姿更加美麗

宇宙一切萬象
都是智慧能量千變萬化
多彩多姿的展現
一支歌，一個故事

一朵玫瑰盛開
一隻蝴蝶的飛舞
都來自智慧能量的平衡、化妝
這微妙能量的對應體
還隨身攜帶著
妳健康身體的藍圖
只要妳不斷
將與生俱來的微笑和歡樂
繼續擴大、擴大
就可一直增加妳的喜悅
妳也會越來越健康

隨著妳生命能量的自由發揮
妳不僅能超越過去
更可超越現在
在未來的路上不斷不斷超越

就可創造妳生命的奇跡

二〇一〇年八月八日晨

註：「歡樂人生圓舞曲」，乃奧地利的小約翰·史特勞斯在一八七〇年，爲維也納音樂學會開幕舞會而作。

附記：此詩參考《能量醫療》（Energy Medicine）（唐娜·伊頓／大衛·費恩斯坦合著·布魯克斯·葛頓繪圖·蔡孟璇譯）。該書指出：「宇宙萬事萬物（有生命或無生命），都是由能量所構成。因此使我想到：既可從《能量醫療》來大談其對人類健康問題，當然也可從「藝術觀點」，來談各種能量所表現的不同「意象」和「意境」之美，因而有此「能量雕塑的天使」之作。亦可名爲「能量藝術」（Energy Art）的作品。

遠水長流

——祝福蕭敏詩集《遠水》長流

宇宙萬象
地球、人類一切事物
都由能量所構成
天空的星星、月亮、太陽
地上的山川河流、動植、礦物
人類的靈魂、思想、感情
無不各有其自己的能量
多少能量可成詩
是濃妝艷抹，還是清描淡寫
全由妳自由選擇

能量的動態雖各有春秋
但不外金木水火土五大韻律
在五大韻律中，唯有水
具有「愛情」的孕育潛能
是繼續不斷的
可「遠水」長流

妳的《遠水》精選
雖以美之韻律的水為主角
但對其他各族都有介紹
「書寫故土」、「生命之鑰」
「淡藍色的角落」……
各種不同能量的化妝
都一一有所描畫

妳特別鍾情於「水」

因為「愛情若水」
水可「滋潤生命，澆灌青春」
雖然「有人被水淹沒」
更「有人投水而逝，隨波遠去」
但：梁山伯與祝英台的故事
羅蜜歐與茱麗葉的戲劇
至今一直在流傳

妳今天「站在水邊」
「耳朵裡充滿了遠水之音」
也聽到那「漸漸遠去的
漿聲帆影」……
《遠水》長流
自亦可流傳千秋萬世

二〇一〇年八月十九日
讀蕭敏《遠水》集有感

現代諸葛亮

三國的諸葛亮
可借東風火燒赤壁
燒死了曹操六十萬大軍
害得曹操大敗而逃
狼狽不堪！
幸有關羽講義氣
在華容道上放他一馬
才保住了老命

現代諸葛亮
好像都是三國諸葛亮的後代
而且人數還不少

不過他們現在卻不借東風
要借「西風」了
不是滿口 Good morning
就是：Good night
分開時還要說：Good bye
再加一個飛吻——啵！

你說奇怪不奇怪？

二〇一〇年八月二十二日晚

附記：這次三月詩會題目「西風」，因而有此戲作。

永遠清香的友情

——再贈 Miss Yawen

每次我獨飲
這杯茶中精品——高冷茶
就使我想到送茶人

第一次妳像美麗天使
面帶鮮花的微笑突然降臨
贈送我這份清香的友情
我們的友情，就邁開了腳步
不停地走向未來

今天妳更為我帶來一份

茉莉花香的友情；高雅、純潔
在山野、在花園
在梅花湖畔，我們愉快地
四處欣賞美景
美景中也有妳的微笑

每次我獨飲
這杯清香的友情
妳高雅的微笑
也像在同我一起共飲
唯有高雅
才能永遠清香……

二〇一〇年八月二十九日作
十二月十一日秋水詩屋朗誦

風流瀟洒的黃山

一切能量的萬種風情
都從黃山的雲霞變幻中流露
奇松　怪石　雲海這三奇
再加上溫泉來對你情話綿綿
真是妙極了
還有自然的音樂來伴奏
更是妙中之妙

在黃山上

松不離石　石不離松
無峰不石　無石不松　無松不奇

它們都像一對對戀人
永遠牽著手在愛的路上欣賞美景
它們不僅美　而且
都是絕配
你說：妙，還是不妙？

含羞的春天
像楊貴妃牽著唐明皇的手
面帶微笑慢慢走來
春意浪漫　媚眼泛出無限春光
百花盛開　青翠欲滴
桃花　李花　杜鵑花　天女花……

夏季清麗活潑
珠飛玉濺　涼爽怡人
用水化妝的景色　最美

尤其新雨過後
到處流水都在歡唱
滿山珍珠　更在各地
拋發清潔的獎金

秋季深沉穩重
丹楓似火在滿山燃燒
色彩斑斕　如畫家的調色板
深綠　淺綠　黃　桔黃　紅　大紅
所有顏色全都集合來伺候你
只要你是天才畫家

冬季淡雅清高
雪花滿天　玉龍飛舞
雲海浪濤滾滾　變幻莫測
玉樹臨風起舞如美女邁開舞步

佛光在雲中四射
展現美麗七彩光環的真理
黃山不是平庸的小山
它是最喜歡搞怪的詩人　只要有一點風
奇松　怪石就開始表演
雲海千變萬化
為了美　許多山都穿上雲的衣裳
怪石中更有一隻金雞
來叫開天門　天門打開了
你我都可　天上人間自由來往
要和仙女共舞不是夢……

當你遊罷黃山歸來
你就自然風流瀟洒了
如在山中有奇遇
也許　不是你牽著她的手

就是她牽著你的手……

二〇一〇年九月二十六日遊黃山有感
二〇一〇年十月七日完稿於上海

附記：此詩參考武旭峰先生大作《黃山》。

民主進行曲

台灣，自由的島
自由的歌聲
在這寶島四處飛揚
那遍灑的中華文化種子
已綻開出多彩多姿的仁性花朵
各種生命的芬芳
都在自由的歌聲中舞蹈

台灣，民主的島
正在演奏一首民主進行曲
那高低、長短、強弱不同的音符
已調配出各種優美的旋律

喚醒了遍地民主的種子
綻開出一朵朵
一朵朵民主的鮮花……

但現在很不幸
一個惡魔突然闖入
把「恨」的音符滲雜在曲譜中
那出口成「髒」的下流名嘴
那散播謊言的三流政客
正在以假亂真
好讓人民都上他們的圈套

朋友！請快將你
「良知」的顯微鏡打開
要自由必須方向正確
要民主必須善用
我們手中的選擇權

二〇一〇年十一月十二日夜

我們正在寫歷史

經過世紀的風暴
經過時代殘酷地考驗
我們依然存在
這美麗的島，並未沉入海底
島上群山相互依存
是我們屹立不倒的力量
雖然有時地牛翻身
將山與山的依存關係分裂
雖然颱風每年都帶領土石流
來將青山綠水一起摧毀
雖然有龍捲風來突襲
要把那四維八德留下的三合院

瞬間化為一片廢墟
但我們有求生的自信
島上的百花依然在自由開放
鳥語蟲鳴、龍吟虎嘯
風聲、雨聲、時代的潮聲
依然能各盡其聲
來創作一首聲聲相應的交響曲
因為我們永遠不會背叛自己
我們正在寫歷史

自從三〇年代
日落黃昏，太陽旗在這島上消失
我們就開始寫自己底歷史
用我們的大腦、我們的雙手
和健步如飛的兩腿
用我們的智慧、我們的筆

我們熟悉的語言符號
以及科學工具——電腦、照相機
因為我們的島似一艘航艦
已開始新時代的航程
我們在寫歷史，要寫出未來
寫出一個崇高的理想

我們用各種選票
用美麗島藍圖、一二三自由日
來寫民主奮鬥史
我們用中華文化復興節的源頭活水
用九年國教、大專聯考
李遠哲的諾貝爾名牌
來寫教育文化史
我們用紅葉少棒隊進軍世界
用楊傳廣的世運亞軍、紀政的銅牌

來寫體育發達史
我們用慈濟大愛的光芒
佛光山的暮鼓晨鐘
媽祖神轎的繞境、基督教的福音……
來寫信仰自由的宗教史
我們用三七五減租
用公地放領、耕者有其田
來提高農民收益
寫農業進步的成就史
我們用石門水庫、曾文水庫
用高速公路、快速鐵路
高樓大廈的都市叢林
來寫國家現代化的建設史
我們用核能發電、太空科技
用進步的煉鋼廠、造船廠
用加工區、科學園區、健保制度

來寫民生經濟的奇蹟史……

我們正在寫歷史
從每個角落、各人心底
從貧窮到富裕
不自由到自由、不民主到民主
從三〇、四〇年代
到二十一世紀的現在
不管時代的面具
是如何在快速變換
不管人類紛擾
是否越來越複雜
我們都將堅持，不背叛自己
決心在這島上寫歷史
繼續在陽明山
以都是主角的蠟像館

來寫出「民為邦本」的見證
繼續在高雄港邊，以風的姿態
來塑造一尊高聳入雲
最美的、和平的自由女神
讓她那柔和親切的目光
來安撫海峽洶湧不平的波濤
讓她那高舉的熱情火把
來為兩岸、為人類
指引一條光明的大道

二〇〇四年七月二十六日夜

附記一：此詩末了提出，在西子灣海岸塑一尊最美的「和平女神」，是美化的構想之一。政府如能實現，必可提升其爲有貨值的觀光景點魅力。

附記二：此詩寫於我國被讚譽爲亞洲四小龍之首。不過後來由於那些自私自利的政客，常常「爲反對而反對」，致使我們全民的努力成果，大多被抹殺！四小龍之首已大不如前了，可悲！可嘆！

二〇一〇年十二月二十九日

新時代的歌

——給 Chinese 夢露

麗質天生
妳是一顆閃亮的星
也是一朵
笑口常開的玫瑰
從過去到現在
妳始終在高歌一首
芬芳四溢的
生命之歌，彈奏一曲
不老的青春
自從我在
這百花爭艷的園地發現妳

一想到妳的芳名
就意識到，妳的美
意識到妳的美
就想到妳的芳名
而今天，更因妳親手
將少女時代的玉照贈送我
我們就像好友重逢
久別的知音又見面了
倍感親切……

現在新的時代
已經來臨，我要為妳
寫一首新時代的歌
將新的熱情注入脈管
讓一切美的夢
都來營養妳的生命

永遠，永遠……

人生就是一首詩
一支歌，這詩與歌
看妳如何創作
如何來演奏
唯有真、善、美是人類共同的夢
在這些夢裡，任何
意象、意境都是智慧的精華

妳天生的麗質
也必然會高歌生命的美
在藍色天空，佈景
一幅最美的彩虹
讓我們一起來邁開舞步
高唱新時代的歌

二〇一一年二月八日定稿於上海

我倆的笑聲

——讀金筑「擊掌」聯想

擊掌的笑聲
從我倆掌中同時笑開
哈哈，暢快！
這還是掌紋與掌紋初次 Kiss
第一次用力猛吻
也是第一次嘗到美味
難免會高聲大叫
你認為呢？

這種神奇的接觸
不是幻想

是透過人體的能量場
來發揮我們
雙手萬能的本領
朋友們，不要擔心
只要你能伸開五指擊掌
就可邁開舞步
隨著一掌一掌的節拍
自由高歌、舞蹈

來，親愛的
要擊掌就在當下
趁我們的熱情正在高潮
擊掌發誓，來宣佈
妳是真正愛我的

二〇一一年三月三日晨

春的腳步

時間和空間
是一對永不分離的戀人
手牽手，不停地
走向未來
它們深信未來不是夢

一對真正戀人
不僅大腦中有愛
生活裡也有美來調劑
他們更深信
愛與美就是未來

今年春的腳步
更是我倆最好的導遊
只要妳牽著我的手向前走
未來幸福不是夢

二〇一一年三月三日晨

一杯發酵的愛
——貓空寂雲門茶屋品茗雅聚紀念

這杯鐵觀音
是一份愛的發酵
經過妳，親手沖泡
喝一口
真是美的享受

在這古典式的茶屋
我們一邊享受
一邊聽主人幽默的講解
這愛是怎樣發酵
要怎樣喝，怎樣飲
才是美的享受……

大家一面聽一面享受茶香
有時還哄堂大笑

這杯鐵觀音
不僅是發酵的愛
還有妳親手泡茶的溫情
也融合在這份愛中
雖然大家邊飲邊談笑到深夜
我們還是興高采烈

這座文人雅士品茗的茶屋
我們來時主人敲鑼擊鼓歡迎
離開時也敲鑼擊鼓相送
這就是中華文化藝術
所散發出來的「茶道」香

二〇一〇年三月十九日

附記：此詩由鄭雅文與作者共同朗誦，贈茶屋主人張貿鴻先生，及參加雅聚的文人雅士小姐先生們，並留影紀念。

一首眞善美的進行曲

——慶祝武昌起義建國百年朗誦詩

在一百年以前，由於
滿清王朝專制、腐敗、無能
導致了內憂外患
使國家面臨滅亡危機
逼使人民不得不，站出來
不得不站出來（合）
高舉革命的旗幟！（合）
高舉革命的旗幟！（合）

我們偉大的國父中山先生
為革命貢獻三民主義

創作了這首真善美的進行曲（合）
在這首進行曲的歌聲中
雖然經過十次的革命失敗
但在一九一〇年
十月十日的武昌起義
終於推翻滿清（合）
建立了民主自由的中國！（合）

三民主義進行曲
包括民族、民權、民生三大樂章
是一首真善美的高貴曲譜（合）
民族主義的樂章
在發揚我民族的仁道文化
以各民族的不同音符
在「善」的五線譜
譜出了「和平共存」的歌聲（合）

民權主義的樂章
以「主權在民」的五線譜
來將「權」與「能」的各種音符
譜成「真」的民主樂譜（合）
高唱民主自由（合）
民生主義的樂章
在創作珍貴的
「民生經濟」的五線譜
將全民各種不同音符
譜成一首「美」的
人人都可享受的生活情趣（合）
人人都可享受的（合）
生、活、情、趣……（合）
我們的國家
至今已建國一百年了

在這一百年裡
雖然曾經遭受過，各種內憂外患
但對日抗戰的光榮勝利（合）
已經證明我們的國家不是弱者（合）
政府遷來台灣後
我們也一直在高歌這首
偉大的進行曲
為和平幸福而奮鬥，我們深信
這不僅是中國人的未來
也是全人類（合）
走向未來的必然大道
全人類走向未來的（合）
必！然！大！道！（合）

二〇一一年三月二十二日定稿

兔子又來了

時間如流水不停流動
一去，永不回頭
過了二〇一一的西曆年
接著就是兔年
兔子帶著一枝毛筆（註一）
在一張張大紅紙上
寫下「春」，寫下「福」
寫下「吉祥如意」
再加上舞龍舞獅的歡樂
真過了個熱鬧的「農曆新年」

兔子帶來的

是一枝高貴和平的毛筆
今天雖然已握在我們全民手中
但我們生活的時空
還必須先清除那些三流政客
去年虎鬥所留下的餘毒(註二)
才能在這新的一年
讓兔子們開心，共同來實現
全民最美的幸福夢

不過遺憾的是
那些自命不凡的蝦兵蟹將
現在就把龍的旗幟
拿出來在兔子面前舞動
因為他們自以為
本身就是天生的龍
你呢，看他們不停地扭來扭去

是不是一條條可惡的毒蛇！

二〇一一年三月二十七日定稿

附註：

註一：兔毛可製造毛筆。

註二：兔年前是「虎」年，後是「龍」年。那些三流政客，確實在今天，利用「龍」抬頭了。

妳的可愛園地

每個人一生下來
就擁有自己可愛的
心靈園地
那不僅是真的
也是善的，更是美的

在這唯美的園地
不容有半點
醜的塵埃混雜其間
來破壞了
它的純潔、完美

人之初、不僅
性本善；且性的真與美
也自然展現
人生真正價值
不在名利，不在金錢
唯真、善、美
才是價值的根本

妳天生麗質
那人性的光輝
正蓄積待發
只要妳對我輕聲細語
就可立刻展現
妳心靈的美……

二〇一一年六月十三日

海的憤怒

九級大地震
在日本宮城縣的海邊
引起了海的憤怒
震耳欲聾的海嘯聲
率領滔天巨浪滾滾襲來
如千軍萬馬
強占了平原、山丘、溝壑
摧毀了地上所有
一切建築
不管是房屋、庭園、高樓大廈
每個家庭的家具，生活用品
甚至一個個村莊

都全被摧毀
汽車、貨車、腳踏車
都被大水沖走了
大人、小孩
或來不及逃走的雞犬牛羊
都全被埋在不幸中！

這次海的憤怒
造成了人類大災難
不分國家、種族
全都發揮愛心，伸出援手
出錢、出力各盡所能
不僅創作許多愛的故事
也吟出了不少
動人的詩句

二〇一一年四月一日清晨

感謝的樂章
——給木斧

熟悉的鄉音
譜出一首親切祝福的樂章
在演奏中
從成都機場飛來
尤其附帶我們的合照
有如你親臨之身影

本來在「最後冰期」
台灣海峽
尚未形成前
大陸與台灣可直接來往

彼此不必遙遙相望
雖然現在
我們只能在遙望中
來舉杯祝福
但鄉音亦如從前
喜氣洋洋……

二〇一一年六月十八日